AF525552

John Piper Große Freude

GROSSE FREUDE

John Piper

VERBUM MEDIEN

Die Deutsche Nationalbibliothek verzeichnet
diese Publikation in der Deutschen Nationalbibliographie;
detaillierte bibliographische Daten sind im Internet
über dnb.de abrufbar.

Bei Fragen zur Produktsicherheit wende dich bitte postalisch
oder per E-Mail über die angegebenen Kontaktdaten an uns.

Titel des englischen Originals:
Good News of Great Joy: 25 Devotional Readings for Advent

Kleines Lohfeld 6
D-32549 Bad Oeynhausen
verbum-medien.de
info@verbum-medien.de

Übersetzung: Wendla Mathes
Buchgestaltung und Satz: Samuel Hinterholzer
Druck und Bindung: Finidr, Tschechien

2. Auflage 2025
Best.-Nr. 8652 000
ISBN 978-3-98665-000-1
E-Book 978-3-98665-003-2
Hörbuch 978-3-949998-12-6

Solltest du Fehler in diesem Buch entdecken,
würden wir uns über einen kurzen Hinweis an
fehler@verbum-medien.de freuen.

Inhalt

Vorwort

Der Advent dient dazu, Jesus zu verherrlichen. Zumindest ist das unsere Sicht bei Desiring God.

Der Advent ist eine jährlich wiederkehrende Zeit des geduldigen Wartens, der hoffnungsvollen Erwartung, der Besinnung und der gespannten Blicke auf den Kalender. Viele Gemeinden, christliche Familien und Nachfolger Jesu feiern diese Zeit. Es gibt keinen biblischen Auftrag dazu. Es ist eher eine Tradition, die sich im Laufe der Kirchengeschichte als Vorbereitung auf den Weihnachtstag entwickelt hat. Viele von uns empfinden die Adventszeit als Anregung für das geistliche Leben, die voller Freude und Segen steckt.

Das Wort Advent stammt vom lateinischen adventus ab, was »Ankunft« bedeutet. Der Advent, der im Dezember im Vordergrund steht, bezeichnet das erste Kommen Jesu vor zweitausend Jahren. Aber auch das zweite Kommen Jesu wird mit einbezogen, wie das beliebte Weihnachtslied »Freue dich Welt« in der englischen Textfassung deutlich macht:

»Sünde und Sorgen sind vorbei,
die Dornen sind nicht mehr;
Er kommt mit seinem Segen
und löscht den Fluch ganz aus.«[1]

Der Advent beginnt am vierten Sonntag vor Weihnachten und endet an Heiligabend. Er beginnt demnach frühestens am 27. November oder spätestens am 3. Dezember, je nachdem wie der Sonntag im Kalender fällt. Während die Fastenzeit (die Vorbereitungszeit auf Ostern) 40 Tage dauert (plus die sechs Sonntage), kann der Advent 22 bis 29 Tage dauern.

Christen auf der ganzen Welt begehen den Advent unterschiedlich und mit verschiedenen Bräuchen. Manche zünden Kerzen an. Einige singen Lieder. Andere essen Süßigkeiten. Einige machen Geschenke. Manche hängen Kränze auf. Viele von uns machen gleich alles davon.

---

1 »No more let sins and sorrows grow, Nor thorns infest the ground;
He comes to make His blessings flow Far as the curse is found.«
Isaac Watts, »Joy to the World«, 1719.

Im Laufe der Jahrhunderte haben wir viele gute Ideen entwickelt, die Weihnachtsfeier über die kurzen 24 Stunden am 25. Dezember auszudehnen. Die Menschwerdung des Sohnes Gottes, »für uns und um unseres Heiles willen«, wie es im Bekenntnis von Chalcedon heißt, ist zu bedeutend, um sie an nur einem Tag zu feiern. Wir werden seine Geburt für alle Ewigkeit feiern.

Unser Gebet ist, dass dieses kleine Andachtsbuch dir hilft, Jesus im Zentrum und als größten Schatz der Adventszeit zu bewahren. Die Kerzen und Süßigkeiten haben ihren Platz, aber wir wollen sicherstellen, dass wir in all der Hektik und dem Trubel Jesus über alles verherrlichen.

So ließe sich als Thema vielleicht »O lasset uns anbeten«[2] über diese Adventsandachten stellen. Es geht darum, Christus, »den König«, anzubeten. An manchen Stellen werden Passagen aus »O komm, o komm, Immanuel«[3] und »Hört, die Engelsboten singen«[4] anklingen. Und selbstverständlich gibt es einen Auftritt der Heiligen Drei Könige. Aber im Zentrum steht Jesus – das Baby, das in Bethlehem geboren wurde, der Gottmensch in Windeln, in einer Krippe liegend, bestimmt zum Tod auf Golgatha, gesandt von seinem Vater, um zu sterben und für sein Volk aufzuerstehen.

Die Einleitung kann vor oder während der Adventszeit, der Schluss als Zusatz an Weihnachten gelesen werden (natürlich auch vorher, vor allem wenn du neugierig auf John Pipers Lieblingstext zu Weihnachten bist). Der Anhang über die Schatten des Kommens Christi im Alten Testament passt zu der Andacht für den 12. Tag (du findest dort auch einen kurzen Hinweis darauf).

Möge Gott deine Freude an Jesus in diesem Advent vertiefen und sich dadurch verherrlichen.

David Mathis
Chefredakteur von Desiring God

---

2 John Francis Wade, »O Come, All Ye Faithful«, 1751, dt. Text: Friedrich Heinrich Ranke (1798–1876), 1826.

3 »Veni, veni, Emmanuel«, dt. Text aus dem Gotteslob, 1975.

4 Charles Wesley, »Hark! The Herald Angels Sing« 1739, dt. Text: Matthias Degott, 2012.

»Vater, ich will, dass,
wo ich bin,
auch die bei mir seien,
die du mir gegeben hast,
damit sie meine Herrlichkeit sehen,
die du mir gegeben hast;
denn du hast mich geliebt,
ehe die Welt gegründet war.«

Johannes 17,24

Einleitung

Was wünscht sich Jesus zu Weihnachten?

Was wünscht sich Jesus zu Weihnachten? Wir finden die Antwort in seinen Gebeten. Worum bittet er Gott? Das längste Gebet Jesu finden wir in Johannes 17. Der Höhepunkt, der seinen größten Wunsch ausdrückt, findet sich in Vers 24.

Unter all den unwürdigen Sündern dieser Welt gibt es solche, die Gott Jesus »gegeben« hat – diejenigen, die Gott zum Sohn gezogen hat (Joh 6,44.65). Es sind Christen – Menschen, die Jesus als den gekreuzigten und auferstandenen Retter und Herrn, als Schatz ihres Lebens aufgenommen haben (Joh 1,12; 3,17; 6,35; 10,11.17–18; 20,28). Jesus wünscht sich, dass sie bei ihm seien.

Manche meinen, dass Gott den Menschen erschuf, weil er einsam war. »Gott schuf uns, damit wir bei ihm seien«, sagen sie. Würde Jesus dem zustimmen? Er sagt ja tatsächlich, dass er uns bei sich haben möchte! Ja, aber die Frage ist, warum er das sagt. Wir müssen den Rest des Verses beachten. Warum wünscht sich Jesus, dass wir bei ihm sind? »... damit sie meine Herrlichkeit sehen, die du [Vater] mir gegeben hast; denn du hast mich geliebt, ehe die Welt gegründet war.«

Das wäre eine seltsame Art, seine Einsamkeit auszudrücken. »Ich will, dass sie bei mir sind, damit sie meine Herrlichkeit sehen.« Das drückt tatsächlich nicht seine Einsamkeit aus. Er sorgt sich vielmehr darum, dass unsere Sehnsucht gestillt wird und nicht seine Einsamkeit.

Jesus ist nicht einsam. Er, der Vater und der Heilige Geist sind in der dreieinigen Gemeinschaft zutiefst zufrieden. Wir, nicht er, hungern nach etwas. Jesus wünscht sich also zu Weihnachten, dass wir das erleben, wozu wir geschaffen wurden – seine Herrlichkeit zu sehen und uns an ihr zu erfreuen.

Oh, dass Gott dies in unsere Herzen schreibt! Jesus hat uns geschaffen (Joh 1,3), damit wir seine Herrlichkeit sehen.

Kurz bevor Jesus ans Kreuz geht, fleht er zu seinem Vater und drückt seinen tiefsten Wunsch aus: »Vater, ich will [**ich will!**] dass, wo ich bin, auch die bei mir seien, die du mir gegeben hast, damit sie meine Herrlichkeit sehen.«

Doch das ist nicht alles, was Jesus in diesen letzten Versen, dem Höhepunkt seines Gebetes, zum Ausdruck bringt. Ich erwähnte gerade, dass wir dafür geschaffen wurden, seine Herrlichkeit zu sehen und uns an ihr zu erfreuen. Ist das dein Wunsch? Dass wir nicht nur seine Herrlichkeit sehen, sondern dass wir uns an ihr erfreuen, sie genießen, sie schätzen und lieben? Beachte Vers 26, den allerletzten Vers des Gebetes:

»Und ich habe ihnen deinen Namen kundgetan und werde ihn kundtun, damit die Liebe, mit der du mich liebst, in ihnen sei und ich in ihnen.«

Hier endet das Gebet. Was ist Jesu abschließendes Ziel für uns? Es geht nicht einfach darum, dass wir seine Herrlichkeit sehen, sondern dass wir ihn mit der gleichen Liebe lieben, die der Vater für ihn empfindet: »damit die Liebe, mit der du [Vater] mich liebst, in ihnen sei«.

Jesu Sehnsucht und Ziel ist, dass wir seine Herrlichkeit sehen und sie mit derselben Liebe lieben, die der Vater für den Sohn hat. Er meint damit aber nicht, dass wir die Liebe des Vaters für den Sohn nur imitieren. Die Liebe des Vaters selbst soll zu unserer Liebe für den Sohn werden – dass wir den Sohn mit der Liebe des Vaters für den Sohn lieben. Genau das bewirkt und schenkt uns der Heilige Geist in unserem Leben: Die Liebe des Vaters für den Sohn durch den Heiligen Geist.

Jesus wünscht sich zu Weihnachten am meisten, dass seine Auserwählten sich versammeln und dann erhalten, was sie sich am meisten wünschen – seine Herrlichkeit zu sehen und sich an ihr mit derselben Liebe zu erfreuen, die der Vater für den Sohn hat.

Ich wünsche mir dieses Jahr zu Weihnachten am meisten, gemeinsam mit euch (und vielen anderen) Christus in all seiner Fülle zu sehen und ihn mit einer Liebe zu lieben, die all unsere eigenen halbherzigen menschlichen Fähigkeiten übersteigt. Das ist das Ziel dieser Andachten. Wir wollen gemeinsam diesen Jesus, dessen ersten Advent wir feiern und dessen zweiten Advent wir erwarten, sehen und uns an ihm erfreuen.

Das ist Jesu Gebet für uns diese Weihnachten: »Vater, zeige ihnen meine Herrlichkeit und gib ihnen dieselbe Freude an mir, die du verspürst.« Oh, dass wir Christus mit den Augen Gottes sehen und uns mit dem Herzen Gottes an ihm erfreuen können! Das ist ein Hauch von Himmel. Das ist das Geschenk, das Christus für uns Sünder erwarb, indem er für uns starb.

»Und er wird viele der Israeliten
zu dem Herrn, ihrem Gott,
bekehren.
Und er wird vor ihm hergehen
im Geist und in der Kraft des Elia,
zu bekehren
die Herzen der Väter zu den Kindern
und die Ungehorsamen
zu der Klugheit der Gerechten,
zuzurichten dem Herrn ein Volk,
das wohl vorbereitet ist.«

Lukas 1,16–17

1. Tag Bereite ihm den Weg

Was Johannes der Täufer für Israel getan hat, kann der Advent für uns tun – nicht, dass das Weihnachtsfest dich unvorbereitet trifft. Ich meine geistlich unvorbereitet. Die Freude und die Wirkung von Weihnachten wird umso größer sein, wenn du bereit bist!

Wie kannst du dich also vorbereiten?

Erstens: Denke darüber nach, warum wir einen Retter brauchen. Weihnachten bedeutet zuerst eine Anklage, bevor es zur Freude wird. »Denn euch ist heute in der Stadt Davids der Retter geboren, welcher ist Christus, der Herr« (Lk 2,11 SLT). Wenn du keinen Retter brauchst, dann brauchst du Weihnachten nicht. Das Weihnachtsfest wird die beabsichtigte Wirkung verfehlen, solange wir uns nicht bewusst sind, dass wir einen Retter brauchen. Nutze diese kurzen Adventsandachten und lass sie in dir das bittersüße Gefühl wecken, dass du tatsächlich einen Retter brauchst.

Zweitens: Geh in dich und prüfe dich ernsthaft. Der Advent verhält sich zu Weihnachten wie die Fastenzeit zu Ostern. »Erforsche mich, o Gott, und erkenne mein Herz; prüfe mich und erkenne, wie ich es meine; und sieh, ob ich auf bösem Weg bin, und leite mich auf dem ewigen Weg!« (Ps 139,23–24). »Und jedes Herz empfange ihn, mach für ihn Raum« – du solltest mit Aufräumen beginnen.

Drittens: Schaffe in deiner Familie eine Vorfreude, Gespanntheit und Begeisterung, die sich vollständig um Gott dreht – besonders bei den Kindern. Wenn du von Christus begeistert bist, werden sie es auch sein. Wie sollen die Kinder einen Hunger nach Gott entwickeln, wenn du sie nur durch materielle Dinge für Weihnachten begeistern kannst? Nutze all deine Fantasie, damit deine Kinder das Wunder der Ankunft des Königs sehen können.

Viertens: Verbringe viel Zeit in der Schrift und lerne die wichtigen Texte auswendig! »Ist mein Wort nicht wie ein Feuer, spricht der HERR!« (Jer 23,29). Setze dich dieses Jahr im Advent an dieses Feuer. Es wärmt. Es sprüht Funken in allen Farben der Gnade. Es bringt Heilung für alle Schmerzen. Es ist ein Licht in dunkler Nacht.

»Meine Seele erhebt den Herrn,
und mein Geist freuet sich Gottes,
meines Heilandes;
denn er hat die Niedrigkeit
seiner Magd angesehen.
Siehe, von nun an werden mich
selig preisen alle Kindeskinder.
Denn er hat große Dinge an mir getan,
der da mächtig ist
und dessen Name heilig ist.
Und seine Barmherzigkeit
währet für und für
bei denen, die ihn fürchten.
Er übt Gewalt mit seinem Arm
und zerstreut,
die hoffärtig sind in ihres Herzens Sinn.
Er stößt die Gewaltigen vom Thron
und erhebt die Niedrigen.
Die Hungrigen füllt er mit Gütern
und lässt die Reichen leer ausgehen.
Er gedenkt der Barmherzigkeit
und hilft seinem Diener Israel auf,
wie er geredet hat zu unsern Vätern,
Abraham und seinen Nachkommen
in Ewigkeit.«

Lukas 1,46–55

2. Tag Marias hocherhobener Gott

Maria erkennt eine absolut bemerkenswerte Sache über Gott: Er ist im Begriff, in den Verlauf der gesamten Menschheitsgeschichte einzugreifen. Die wichtigsten drei Jahrzehnte aller Zeiten werden in Kürze beginnen.

Und was tut Gott? Er kümmert sich um zwei unbedeutende, demütige Frauen: die eine alt und unfruchtbar (Elisabeth), die andere jung und eine Jungfrau (Maria). Und Maria ist so bewegt von dieser Erscheinung Gottes, der die Niedrigen liebt, dass sie zu singen anfängt – ihr Lobgesang ist als »Magnificat« bekannt geworden.

Maria und Elisabeth sind wundervolle Heldinnen im Lukasevangelium. Lukas liebt den Glauben dieser Frauen. Was ihn am meisten beeindruckt und womit er Theophilus, den vortrefflichen Leser seines Evangeliums, beeindrucken möchte, scheint die Niedrigkeit und freudige Demut von Elisabeth und Maria zu sein, mit der sie sich ihrem hocherhobenen (engl. magnificent) Gott unterordnen.

Elisabeth fragt: »Und wie geschieht mir, dass die Mutter meines Herrn zu mir kommt« (Lk 1,43)? Maria erklärt: »Er hat die Niedrigkeit seiner Magd angesehen« (Lk 1,48).

Die einzigen Menschen, deren Seele ehrlich den Herrn erheben kann, sind Menschen wie Elisabeth und Maria – Menschen, die ihre Niedrigkeit anerkennen und davon überwältigt sind, wie sich der hocherhobene Gott zu ihnen herab neigt.

»Gelobt sei der Herr,
der Gott Israels!
Denn er hat besucht
und erlöst sein Volk
und hat uns aufgerichtet
ein Horn des Heils
im Hause seines Dieners David –
wie er vorzeiten geredet hat
durch den Mund
seiner heiligen Propheten –,
dass er uns errettete
von unsern Feinden
und aus der Hand aller,
die uns hassen.«

Lukas 1,68–71

3. Tag Lang erwarteter Besuch

An den Worten von Zacharias, dem Mann von Elisabeth, im ersten Kapitel des Lukasevangeliums zeigen sich zwei bemerkenswerte Dinge:

Erstens: Neun Monate zuvor hatte Zacharias nicht glauben können, dass seine Frau ein Kind bekommen würde. Jetzt, erfüllt vom Heiligen Geist, ist er sich Gottes Erlösungswerkes durch den kommenden Messias so sicher, dass er sogar in der Vergangenheitsform davon spricht: »Denn er hat besucht und erlöst sein Volk«. Aus Sicht des Glaubens ist eine Verheißung Gottes bereits so gut wie erfüllt. Zacharias hat gelernt, Gott beim Wort zu nehmen, und hat daher die bemerkenswerte Gewissheit: Gott »hat besucht und erlöst sein Volk« (Lk 1,68).

Zweitens: Das Kommen Jesu, des Messias, ist der Besuch Gottes in unserer Welt. Der Gott Israels hat sein Volk besucht und erlöst. Jahrhunderte lang hatte das jüdische Volk geschmachtet, überzeugt davon, dass sich Gott von ihnen abgewandt hatte: Der Geist der Prophetie war versiegt und Israel war in die Hände Roms gefallen. Und alle in Israel, die Gott fürchteten, warteten auf den Besuch Gottes. Lukas berichtet uns von einem weiteren alten Mann, dem frommen Simeon, der »auf den Trost Israels [wartete]« (Lk 2,25). Auch die treue Beterin Hanna gehörte zu denen, »die auf die Erlösung Jerusalems warteten« (Lk 2,38).

Es waren erwartungsvolle Tage. Und nun stand der lang erwartete Besuch Gottes unmittelbar bevor – und sein Kommen sollte ganz anders werden, als es irgendjemand erwartet hatte.

»Es begab sich aber zu der Zeit,
dass ein Gebot
von dem Kaiser Augustus ausging,
dass alle Welt geschätzt würde.
Und diese Schätzung war die allererste
und geschah zur Zeit,
da Quirinius Statthalter in Syrien war.
Und jedermann ging,
dass er sich schätzen ließe,
ein jeglicher in seine Stadt.
Da machte sich auf auch Josef aus Galiläa,
aus der Stadt Nazareth,
in das judäische Land zur Stadt Davids,
die da heißt Bethlehem,
darum dass er von dem Hause
und Geschlechte Davids war,
auf dass er sich schätzen ließe mit Maria,
seinem vertrauten Weibe;
die war schwanger.«

Lukas 2,1–5

4. Tag Für Gottes kleine Leute

Hast du schon einmal darüber gestaunt, dass Gott im Voraus bestimmt, dass der Messias in Bethlehem geboren werden soll (wie die Prophezeiung in Micha 5,2 zeigt)? Ist es nicht erstaunlich, dass er alles entsprechend führt, als es so weit war? Die Mutter und der Ziehvater des Messias lebten nicht in Bethlehem, sondern in Nazareth. Aber damit sich sein Wort erfüllt und zwei unbekannte, unbedeutende kleine Leute an diesem ersten Weihnachten nach Bethlehem gelangen, legt Gott dem Kaiser Augustus aufs Herz, die gesamte römische Welt zählen zu lassen, einen jeden in seiner Heimatstadt. Ein Befehl für den ganzen Erdkreis, nur um zwei Menschen etwa 150 Kilometer weit zu führen.

Hast du dich schon mal, so wie ich, klein und unbedeutend gefühlt in einer Welt mit sieben Milliarden Menschen, in der die Nachrichten immer von großen politischen, wirtschaftlichen und sozialen Veränderungen und von berühmten Persönlichkeiten, die weltweite Bedeutung und Unmengen an Macht und Prestige besitzen, berichten? Wenn ja, dann lass dich davon nicht entmutigen oder traurig machen. Denn die Bibel setzt stillschweigend voraus, dass all die enormen politischen Mächte und all die riesigen wirtschaftlichen Konzerne, ohne es je zu wissen, von Gott gelenkt werden. Nicht um ihrer selbst willen, sondern um Gottes kleiner Leute willen – für die kleine Maria und den kleinen Joseph, die von Nazareth nach Bethlehem gebracht werden müssen. Gott lenkt ein ganzes Reich, um sein Wort zu erfüllen und seine Kinder zu segnen.

Denk nicht, dass Gottes Hand zu kurz ist, weil du in deiner kleinen Erfahrungswelt Gegenwind erlebst. Gott strebt für uns weder Wohlstand noch Ruhm an, sondern unsere Heiligung. Und zu diesem Zweck regiert er über die ganze Welt. Wie es in Sprüche 21,1 heißt: »Des Königs Herz ist in der Hand des HERRN wie Wasserbäche; er lenkt es, wohin er will.« Er leitet das Herz des Königs immer so, wie es seinen Plänen entspricht, nämlich um sein Volk zu retten, zu heiligen und in die Ewigkeit zu führen.

Er ist ein großer Gott für kleine Leute. Wir haben viel Grund zur Freude, weil wir wissen, dass all die Könige, Präsidenten, Premierminister, Kanzler und Verantwortungsträger dieser Welt, ohne es zu wissen, den souveränen Befehlen unseres himmlischen Vaters gehorchen müssen, damit wir, seine Kinder, in das Bild seines Sohnes, Jesu Christi, verwandelt werden – und dann in seine ewige Herrlichkeit eingehen.

5

»Und als sie daselbst waren,
kam die Zeit, dass sie gebären sollte.
Und sie gebar ihren ersten Sohn
und wickelte ihn in Windeln
und legte ihn in eine Krippe;
denn sie hatten sonst keinen Raum
in der Herberge.«

Lukas 2,6–7

5. Tag — Kein Abweichen vom Weg nach Golgatha

Man würde meinen, dass Gott – da er doch die Welt so regieren kann, dass eine Volkszählung aller Menschen im Römischen Reich Maria und Josef nach Bethlehem bringt – auch dafür sorgen kann, dass für sie ein Raum in der Herberge bereitsteht.

Ja, natürlich hätte er das tun können. Mit vollkommener Sicherheit! Jesus hätte in eine reiche Familie geboren werden können. Er hätte in der Wüste Steine zu Brot machen können. Er hätte sich im Garten Gethsemane 10.000 Engel zu Hilfe rufen können. Er hätte vom Kreuz herabsteigen und sein eigenes Leben retten können. Die Frage ist nicht, was Gott hätte tun können, sondern, was er tun wollte.

Es war Gottes Wille, dass Christus, obwohl er reich war, um deinetwillen arm wurde. Die »Belegt«-Schilder in allen Pensionen Bethlehems waren um deinetwillen da. »Denn ihr kennt die Gnade unseres Herrn Jesus Christus: Obwohl er reich ist, wurde er doch arm um euretwillen, auf dass ihr durch seine Armut reich würdet« (2 Kor 8,9).

Gott regiert über alle Dinge – selbst über die Auslastung von Hotels und freien Gästezimmern – alles für seine Kinder. Der Weg nach Golgatha beginnt mit einem »Belegt«-Schild in Bethlehem und endet mit dem Anspeien und Verspotten am Kreuz vor Jerusalem.

Wir dürfen nicht vergessen, dass Jesus lehrte: »Wer mir folgen will, der verleugne sich selbst und nehme sein Kreuz auf sich täglich und folge mir nach« (Lk 9,23).

Wir folgen ihm auf dem Weg nach Golgatha und hören ihn zu uns sprechen: »Denkt an das Wort, das ich euch gesagt habe: Der Knecht ist nicht größer als sein Herr. Haben sie mich verfolgt, so werden sie auch euch verfolgen« (Joh 15,20).

Wer enthusiastisch ausruft: »Ich will dir folgen, wohin du gehst«, dem antwortet Jesus: »Die Füchse haben Gruben und die Vögel unter dem Himmel haben Nester; aber der Menschensohn hat nichts, wo er sein Haupt hinlege« (Lk 9,57–58).

Ja, Gott hätte dafür sorgen können, dass Jesus bei seiner Geburt einen Raum in der Herberge bekommt. Doch das wäre ein Abweichen von seinem Weg nach Golgatha gewesen.

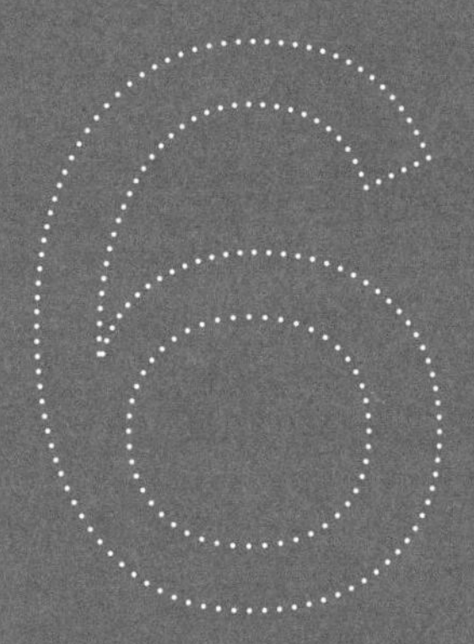

»Und das habt zum Zeichen:
Ihr werdet finden das Kind
in Windeln gewickelt
und in einer Krippe liegen.
Und alsbald war da bei dem Engel
die Menge der himmlischen Heerscharen,
die lobten Gott und sprachen:
Ehre sei Gott in der Höhe
und Friede auf Erden bei den Menschen
seines Wohlgefallens.«

Lukas 2,12–14

6. Tag Friede bei den Menschen seines Wohlgefallens

Friede für wen? Der Lobgesang der Engel enthält einen ernsten Beigeschmack. Friede bei »den Menschen seines Wohlgefallens«. Friede den Menschen, auf denen sein Gefallen ruht. Doch »ohne Glauben ist's unmöglich, Gott zu gefallen« (Hebr 11,6). Weihnachten bringt also gar nicht allen Menschen Frieden.

»Das ist aber das Gericht«, sagt Jesus, »dass das Licht in die Welt gekommen ist, und die Menschen liebten die Finsternis mehr als das Licht, denn ihre Werke waren böse« (Joh 3,19). Oder wie der betagte Simeon sagt, als er Jesus als Baby sieht: »Siehe, dieser ist dazu bestimmt, dass viele in Israel fallen und viele aufstehen, und ist bestimmt zu einem Zeichen, dem widersprochen wird« (Lk 2,34–35). Oh, wie viele Menschen blicken auf einen trostlosen, kalten Weihnachtstag und sehen nicht mehr als das – ein Zeichen, dem widersprochen wird.

»Er kam in sein Eigentum; und die Seinen nahmen ihn nicht auf. Wie viele ihn aber aufnahmen, denen gab er Macht, Gottes Kinder zu werden: denen, die an seinen Namen glauben« (Joh 1,11–12). Nur an seine Jünger richtet Jesus diese Worte: »Frieden lasse ich euch, meinen Frieden gebe ich euch. Nicht gebe ich euch, wie die Welt gibt. Euer Herz erschrecke nicht und fürchte sich nicht« (Joh 14,27).

Vom Frieden Gottes, der allen Verstand übersteigt, sind die Menschen erfüllt, die ihre Bitten in allen Dingen in Gebet und Flehen vor Gott kundwerden lassen (Phil 4,6–7).

Der Schlüssel, der uns die Schatztruhe von Gottes Frieden aufschließt, ist der Glaube an Gottes Verheißungen. Darum betet Paulus: »Der Gott der Hoffnung aber erfülle euch mit aller Freude und Frieden im Glauben« (Röm 15,13). Wenn wir uns entscheiden, Gottes Verheißungen zu vertrauen und Freude, Frieden und Liebe erhalten, wird Gott verherrlicht.

Ehre sei Gott in der Höhe und Friede auf Erden bei den Menschen seines Wohlgefallens! Friede sei jedem Menschen – aus allen Nationen und Stämmen und Völkern und Sprachen –, dem, der da glaubt.

»Da Jesus geboren war
zu Bethlehem in Judäa
zur Zeit des Königs Herodes,
siehe, da kamen Weise
aus dem Morgenland nach Jerusalem
und sprachen: Wo ist der neugeborene
König der Juden?«

Matthäus 2,1–2

7. Tag — Der Messias für die Weisen aus dem Morgenland

Anders als Lukas berichtet Matthäus nicht vom Besuch der Hirten bei Jesus im Stall. Sein Schwerpunkt liegt sofort auf den Fremden – den Heiden oder Nichtjuden –, die aus dem Morgenland kommen, um Jesus anzubeten.

Matthäus beschreibt Jesus also am Anfang und am Ende seines Evangeliums als den Messias für alle Völker, nicht nur für die Juden.

Hier sind die ersten, die ihn anbeten, Hofzauberer, Astrologen und Weise, die nicht aus Israel, sondern aus dem Osten kommen – vielleicht aus Babylonien. Sie waren Heiden, »Unreine« laut dem alttestamentlichen Zeremonialgesetz.

Am Ende des Matthäusevangeliums lauten die letzten Worte Jesu entsprechend: »Mir ist gegeben alle Macht im Himmel und auf Erden. So geht nun hin und macht zu Jüngern alle Völker« (Mt 28,18–19 SLT).

Damit öffnet er nicht nur uns Heiden die Tür, dass auch wir uns am Messias freuen können; er führt einen weiteren Beleg dafür an, dass Jesus wirklich der Messias ist. Denn eine der häufig wiederholten Prophezeiungen besagt, dass die Heiden und Könige zum Messias, dem Herrscher über die ganze Welt, kommen werden.

Zum Beispiel Jesaja 60,3:

> *»Und die Völker werden zu deinem Lichte ziehen*
> *und die Könige zum Glanz, der über dir aufgeht.«*

Matthäus führt also einen weiteren Beleg dafür an, dass Jesus der Messias ist. Er zeigt, dass er der König ist und die Verheißungen erfüllt – für alle Völker, nicht nur für Israel.

»Wo ist der neugeborene König der Juden?
Wir haben seinen Stern aufgehen sehen
und sind gekommen, ihn anzubeten.«

Matthäus 2,2

8. Tag — Der übernatürliche Stern von Bethlehem

Die Bibel bremst immer wieder unsere Neugier, wie genau wundersame Dinge geschehen. Wie hat dieser »Stern« die Weisen aus dem Morgenland bis nach Jerusalem gebracht?

Da steht nicht, dass er sie geführt hat oder ihnen auf dem Weg nach Jerusalem vorangegangen ist. Da steht nur, dass sie einen Stern im Morgenland gesehen haben (Mt 2,2) und nach Jerusalem gekommen sind. Wie ging der Stern auf der kleinen, ca. acht Kilometer langen Wegstrecke von Jerusalem nach Bethlehem vor ihnen her, wie Matthäus 2,9 berichtet? Und wie konnte der Stern über dem Ort stillstehen, wo das Kind lag?

Die Antwort lautet: Wir wissen es nicht. Es gibt unzählige Versuche, den Stern von Bethlehem mit Planetenkonstellationen oder Kometen oder Supernovas oder wundersamen Lichtern zu erklären. Doch wir wissen es einfach nicht. Lass mich dich ermahnen, dich nicht mit Theorien zu beschäftigen – dich nicht auf sie zu versteifen –, die letztlich nichts mehr als ein hilfloser Erklärungsversuch sind und äußerst geringe geistliche Aussagekraft besitzen.

Lass mich dich selbst auf die Gefahr hin, stark zu verallgemeinern, warnen: Wer sich von solchen Fragen einnehmen lässt und unbedingt wissen will, wie der Stern funktioniert hat, wie sich das Rote Meer geteilt hat, wie das Manna vom Himmel gefallen ist, wie Jona die drei Tage im Bauch des Fisches überlebt hat und wie sich der Mond in Blut verwandeln wird, hat in der Regel eine »Randthemen-Mentalität«, wie ich das nenne.

Bei diesen Leuten lässt sich keine tiefe Wertschätzung für die großen und zentralen Themen des Evangeliums feststellen: für die Heiligkeit Gottes, die Hässlichkeit der Sünde, die Hilflosigkeit des Menschen, den Tod Christi, die Rechtfertigung allein aus Glauben, das heiligende Wirken des Geistes, die Herrlichkeit der Wiederkunft Christi und das Jüngste Gericht. Sie kommen immer wieder vom Wesentlichen ab und wollen mit dir unbedingt über irgendeinen neuen Artikel oder irgendein neues Buch zu irgendeinem Randthema sprechen, von dem sie aktuell völlig begeistert sind. Doch da ist wenig Freude über die großen, zentralen Wahrheiten.

Im Blick auf diesen Stern liegt allerdings auf der Hand, dass er etwas tut, was er nicht von alleine tun kann: Er führt die Weisen zum Sohn Gottes, damit sie ihn anbeten können.

Es gibt aus biblischer Sichtweise nur einen Einzigen, der hinter dieser zielgerichteten Sternenkonstellation stehen kann: Gott selbst.

Was wir daraus mitnehmen sollen, ist offensichtlich: Gott führt Fremde zu Christus, damit sie ihn anbeten. Er tut das, indem er globale – wahrscheinlich sogar universelle – Macht ausübt, um seinen Plan umzusetzen.

Lukas beschreibt, wie Gott auf das gesamte Römische Reich Einfluss nimmt, damit die Volkszählung genau zum richtigen Zeitpunkt stattfindet, damit eine unbedeutende Jungfrau nach Bethlehem kommt, um dort mit der Geburt ihres Kindes die Prophezeiung zu erfüllen. Matthäus beschreibt, wie Gott auf die Sterne am Himmel Einfluss nimmt, damit eine kleine Gruppe von Fremden nach Bethlehem findet, um den Sohn anzubeten.

Es ist Gottes Plan. Er hat es getan. Und er tut es immer noch. Sein Ziel ist, dass die Völker – »alle Völker« (Mt 24,14) – seinen Sohn anbeten.

Das ist Gottes Wille für all deine Arbeitskollegen, Kommilitonen, Mitschüler, Nachbarn, dich und deine Familie. Wie es in Johannes 4,23 heißt: »Der Vater will solche Anbeter haben.«

Am Anfang des Matthäusevangeliums sehen wir das Muster: »Kommt und seht!« Doch am Ende heißt es: »Geht und erzählt!« Die Weisen kamen und sahen. Wir sollen hingehen und davon erzählen.

Was aber gleich bleibt, sind die Absicht und Macht Gottes, durch die er Menschen aus allen Völkern herbeiführt, damit sie seinen Sohn anbeten. Die glühende Verehrung Christi durch alle Völker ist letztlich der Grund, warum die Welt existiert.

9

»Als das der König Herodes hörte,
erschrak er
und mit ihm ganz Jerusalem.«

Matthäus 2,3

9. Tag Zwei Arten von Widerstand gegen Jesus

Jesus ist ein Ärgernis für die Menschen, die ihn nicht anbeten wollen, und er weckt Widerstand gegen die, die ihn anbeten wollen. Das ist vermutlich keine Hauptaussage bei Matthäus, aber man kommt im Laufe der Geschichte zwangsläufig zu dieser Schlussfolgerung.

In der Weihnachtsgeschichte gibt es zwei Gruppen von Menschen, die sich weigern, Jesus anzubeten.

Die erste Gruppe besteht aus Menschen, die sich einfach nicht um Jesus scheren. Er ist völlig bedeutungslos für ihr Leben. Stellvertretend für diese Gruppe stehen am Anfang von Jesu Leben die obersten Priester und Schriftgelehrten. In Matthäus 2,4 lesen wir: »Und [Herodes] ließ zusammenkommen alle Hohenpriester und Schriftgelehrten des Volkes und erforschte von ihnen, wo der Christus geboren werden sollte.« Also sagten sie es ihm und damit war die Sache für sie abgehakt – zurück zur Tagesordnung. Das Schweigen und die Untätigkeit der Oberen sind überwältigend, wenn man sich die Größe der Geschehnisse vor Augen führt.

In Matthäus 2,3 lesen wir sogar: »Als das der König Herodes hörte, erschrak er und mit ihm ganz Jerusalem.« Mit anderen Worten: In der Stadt verbreitete sich das Gerücht, dass jemand glaubt, der Messias sei geboren. Die Untätigkeit der obersten Priester ist erstaunlich: Warum begleiten sie die Weisen nicht? Sie haben kein Interesse. Sie brennen nicht dafür, den Sohn Gottes zu finden und anzubeten.

Die zweite Gruppe besteht aus Menschen, die sich weigern, Jesus anzubeten, weil sie ihn als äußerste Bedrohung für sich wahrnehmen. Das ist in dieser Geschichte Herodes. Er fürchtet sich unheimlich. So sehr, dass er intrigiert, lügt und dann sogar einen Massenmord begeht, um Jesus loszuwerden.

Auch heute schlagen Christus und allen, die ihn anbeten, diese zwei Arten von Widerstand entgegen: Gleichgültigkeit und Feindseligkeit. Ich hoffe von Herzen, dass du zu keiner der beiden Gruppen gehörst.

Wenn du Christ bist, dann nimm dir dieses Jahr zu Weihnachten Zeit, um darüber nachzudenken, was es bedeutet – und was es kostet – diesen Messias anzubeten und ihm nachzufolgen.

»Da sie den Stern sahen,
wurden sie hocherfreut
und gingen in das Haus
und sahen das Kindlein mit Maria,
seiner Mutter,
und fielen nieder und beteten es an
und taten ihre Schätze auf
und schenkten ihm
Gold, Weihrauch und Myrrhe.«

Matthäus 2,10–11

10. Tag Gold, Weihrauch und Myrrhe

»[Gott] lässt sich nicht von Menschenhänden dienen wie einer, der etwas nötig hätte« (Apg 17,25). Die Geschenke der Weisen sind nicht als Hilfeleistung oder als sonstige Unterstützung für Jesus gedacht. Es wäre entwürdigend für einen König, wenn eine fremde Gesandtschaft Care-Pakete für ihn mitbringen müsste.

Diese Geschenke sind auch keine Bestechung. In 5. Mose 10,17 heißt es, dass Gott keine Bestechungsgeschenke annimmt. Was sollen diese Geschenke also dann bedeuten? Inwiefern sind sie ein Ausdruck der Anbetung?

Geschenke an wohlhabende Menschen, die für sich selbst sorgen können, verstärken und wiederholen echoartig den Wunsch des Schenkenden, der zeigen will, wie wundervoll der Beschenkte ist. Christus etwas zu schenken, ist gewissermaßen wie Fasten – wir entsagen etwas, um zu zeigen, dass Christus wertvoller ist als das, worauf wir verzichten.

Wenn du Christus auf diese Weise etwas schenkst, dann drückst du damit aus: »Die Freude, nach der ich mich ausstrecke (beachte Matthäus 2,10! ›Da sie den Stern sahen, wurden sie hocherfreut‹), liegt nicht in der Hoffnung auf den Reichtum, den ich bekomme, indem ich mit dir schachere oder eine Bezahlung aushandle. Ich komme nicht zu dir, weil ich mir bestimmte Dinge von dir wünsche. Was ich mir wirklich wünsche, bist du selbst. Und diesen Wunsch äußere und unterstreiche ich, indem ich Dinge für dich aufgebe in der Hoffnung, mich mehr an dir erfreuen zu können. Indem ich dir etwas gebe, was du nicht brauchst, woran ich mich aber vielleicht erfreuen könnte, teile ich dir umso ernsthafter und authentischer mit: ›Du bist mein Schatz, nicht diese Dinge.‹«

Das, denke ich, bedeutet es, Gott mit Gaben wie Gold, Weihrauch und Myrrhe anzubeten. Oder was auch immer sonst wir Gott vielleicht schenken wollen.

Möge Gott uns den Wunsch nach Christus selbst ins Herz legen. Mögen wir von Herzen sagen: »Herr Jesus, du bist der Messias, der König Israels. Alle Völker werden kommen und vor dir anbeten. Gott führt die ganze Welt so, dass du angebetet wirst. Darum will ich dir freudig die Ehre geben – dir sei alle Vollmacht und Anbetung! – und dir meine Gaben bringen, weil ich dir bekennen will, dass nur du allein mein Herz erfüllen kannst, nicht diese Gaben.«

11

»Weil nun die Kinder
von Fleisch und Blut sind,
hatte er gleichermaßen daran Anteil,
auf dass er durch den Tod
die Macht nähme dem,
der Gewalt über den Tod hatte,
nämlich dem Teufel,
und die erlöste,
die durch Furcht vor dem Tod
im ganzen Leben
Knechte sein mussten.«

Hebräer 2,14–15

11. Tag Warum Jesus gekommen ist

Hebräer 2,14–15 ist mein Lieblingstext für den Advent. Mir fällt kein anderer ein, der genauso deutlich den Zusammenhang zwischen dem Anfang und dem Ende von Jesu Leben auf Erden ausdrückt – zwischen Menschwerdung und Kreuzigung. Diese zwei Verse stellen klar, warum Jesus gekommen ist: nämlich, um zu sterben. Sie sind ein tolles Werkzeug, um einem nichtchristlichen Freund oder Verwandten Schritt für Schritt dein christliches Verständnis von Weihnachten zu erklären. Erkläre einen Satzteil nach dem andern. Das könnte zum Beispiel so klingen:

»Weil nun die Kinder von Fleisch und Blut sind«

Das Wort »Kinder« kommt aus dem vorigen Vers und steht für die geistlichen Nachkommen Christi, des Messias (siehe Jes 8,18; 53,10). Die Bibel nennt sie auch »Kinder Gottes« (Joh 1,12). Mit anderen Worten: Gott hatte besonders seine »Kinder« im Blick, als er Christus in die Welt sandte.

Es ist wahr, dass »Gott die Welt [also] geliebt hat, dass er seinen eingeborenen Sohn [Jesus] gab« (Joh 3,16). Es ist auch wahr, dass Gott Jesus insbesondere gesandt hat, »um die verstreuten Kinder Gottes zusammenzubringen« (Joh 11,52). Gottes Plan war, der Welt Christus zu schenken, um die Errettung seiner »Kinder« zu bewirken (siehe 1 Tim 4,10). Du kannst ein Kind Gottes werden, indem du Christus annimmst (Joh 1,12).

»hatte er gleichermaßen daran Anteil [d. h. Fleisch und Blut]«

Das bedeutet, dass Christus bereits vor seiner Menschwerdung existiert hat. Er war Geist. Er war das ewige Wort. Er war bei Gott und war Gott (Joh 1,1; Kol 2,9). Doch er nahm Fleisch und Blut an und bekleidete seine Gottheit mit Menschengestalt. Er wurde ganz Mensch und blieb ganz Gott. Wie das geschieht, ist in vielerlei Hinsicht ein großes Geheimnis. Doch es liegt im Herzen unseres Glaubens – und der biblischen Lehre.

»auf dass er durch den Tod«

Jesus wurde Mensch, um zu sterben. Als Gott konnte er schlicht und einfach nicht für Sünder sterben. Doch als Mensch war es ihm möglich. Sein Ziel war zu sterben. Darum musste er als Mensch geboren werden. Er wurde geboren, um zu sterben. Karfreitag ist der Sinn von Weihnachten. Genau das müssen die meisten Menschen heute hören, wenn sie über die Bedeutung von Weihnachten nachdenken.

»auf dass er durch den Tod die Macht nähme dem,
der Gewalt über den Tod hatte, nämlich dem Teufel«

Durch seinen Tod hat Christus dem Teufel die Reißzähne genommen. Wie? Indem er unsere Sünden bedeckt hat. Das bedeutet, dass der Teufel keine rechtmäßige Grundlage mehr hat, um uns vor Gott anzuklagen. »Wer will die Auserwählten Gottes beschuldigen? Gott ist hier, der gerecht macht« (Röm 8,33). Auf welcher Grundlage rechtfertigt Gott? Durch das Blut Jesu (Röm 5,9).

Die größte Waffe, die der Teufel gegen uns hat, ist unsere eigene Sünde. Wenn Jesu Tod unsere Sünde wegnimmt, dann schlägt er dem Teufel dessen größte Waffe aus der Hand – die einzige tödliche Waffe, die er hat. Er kann dann nicht mehr für unsere Todesstrafe plädieren, weil der Richter uns durch den Tod seines Sohnes freigesprochen hat!

»und die erlöste, die durch Furcht vor dem Tod
im ganzen Leben Knechte sein mussten«

Wir sind also befreit von der Todesfurcht. Gott hat uns gerechtfertigt. Der Teufel kann Gottes Beschluss nicht mehr umwerfen. Und Gott will, dass unsere letztgültige Sicherheit schon jetzt eine unmittelbare Auswirkung auf unser Leben hat. Er will, dass dieses Happy End uns bereits jetzt von der Knechtschaft und der Angst vor der Gegenwart freimacht.

Wenn wir unseren letzten und größten Feind, den Tod, nicht mehr fürchten müssen, dann brauchen wir vor nichts mehr Angst zu haben. Wir sind frei. Frei, uns zu freuen. Frei, für andere zu leben.

Was für ein wundervolles Weihnachtsgeschenk hat Gott uns gemacht! Und wir dürfen es der Welt schenken.

»Das ist nun die Hauptsache bei dem,
wovon wir reden:
Wir haben einen solchen Hohenpriester,
der sich gesetzt hat zur Rechten
des Thrones der Majestät im Himmel
und ist ein Diener am Heiligtum
und am wahrhaftigen Zelt,
das der Herr aufgerichtet hat
und nicht ein Mensch.«

Hebräer 8,1–2

12. Tag Die Schatten werden abgelöst

Die Hauptaussage des Hebräerbriefs ist, dass Jesus Christus, Gottes Sohn, nicht nur gekommen ist, um sich als der beste und endgültige menschliche Priester in das bestehende, irdische System des Priesterdienstes einzufügen, sondern um das System zu erfüllen, zu beenden und all unsere Aufmerksamkeit auf sich selbst zu lenken, indem er zuerst auf Golgatha das endgültige Opfer für unsere Schuld erbracht hat und nun im Himmel als unser endgültiger Priester für uns eintritt.

Die Stiftshütte, die Priester und die Opfer des Alten Testaments waren Schatten. Jetzt ist die Wirklichkeit angebrochen und die Schatten verschwinden.

Für Kinder – und für alle, die einmal Kinder waren und sich noch daran erinnern können – lässt sich das im Advent zum Beispiel so veranschaulichen: Stell dir vor, du gehst mit deiner Mama einkaufen und ihr verliert euch aus den Augen. Auf einmal weißt du nicht mehr, wo sie ist, du bekommst Angst, erschreckst dich und weißt nicht mehr, wohin du gehen sollst. Du rennst ans Ende des Ganges und gerade, als dir die Tränen in die Augen schießen wollen, siehst du am Ende des Ganges einen Schatten, der aussieht, als könnte er von deiner Mama sein. Du bekommst neue Hoffnung. Doch was ist besser? Das hoffnungsvolle Gefühl, den Schatten zu sehen, oder die Gewissheit, wenn deine Mama selbst um die Ecke kommt?

So ist es, wenn Jesus, unser Hohepriester, kommt. So ist Weihnachten. Zu Weihnachten werden die Schatten von der Realität abgelöst: Mama kommt um die Ecke und das kleine Kind wird von Erleichterung und Freude erfüllt.

(Mehr darüber, wie das Kommen Christi das Alte Testament ersetzt, findest du im Anhang am Ende des Buches).

13

»Das ist nun die Hauptsache bei dem,
wovon wir reden:
Wir haben einen solchen Hohenpriester,
der sich gesetzt hat zur Rechten
des Thrones der Majestät im Himmel
und ist ein Diener am Heiligtum
und am wahrhaftigen Zelt,
das der Herr aufgerichtet hat
und nicht ein Mensch. ...
Sie dienen aber dem Abbild
und Schatten des Himmlischen,
wie die göttliche Weisung an Mose erging,
als er das Zelt errichten sollte:
›Sieh zu‹, heißt es,
›dass du alles machst nach dem Bilde,
das dir auf dem Berge gezeigt worden ist.‹«

Hebräer 8,1–2.5

13. Tag Die endgültige Wirklichkeit ist angebrochen

Wir haben bereits über diesen Aspekt nachgedacht. Doch es gibt noch mehr zu entdecken. Zu Weihnachten werden die Schatten durch das Echte ersetzt.

Hebräer 8,1–2.5 dient als eine Art Zusammenfassung. Der springende Punkt ist, dass der eine Priester, der unser Mittler zwischen uns und Gott ist, der uns mit Gott versöhnt und der unser Fürsprecher bei Gott ist, kein normaler, schwacher und sterblicher Priester ist wie zur Zeit des Alten Testaments. Er ist der Sohn Gottes – stark, sündlos, voll unzerstörbaren Lebens.

Nicht nur das. Er dient nicht in einer irdischen Stiftshütte, die an einen Ort gebunden und räumlich begrenzt ist, die sich abnutzt und von Motten zerfressen wird, die durchnässt, verbrannt, eingerissen und gestohlen werden kann. Nein, in Hebräer 8,2 steht, dass Christus »Diener am Heiligtum und am wahrhaftigen Zelt [ist], das der Herr aufgerichtet hat und nicht ein Mensch«. Das ist nicht der Schatten. Es ist das Original. Es ist die Wirklichkeit, die ihren Schatten auf den Berg Sinai warf, von der Mose ein Abbild machen sollte.

Laut Hebräer 8,1 ist ein weiteres wundervolles Merkmal dieser Wirklichkeit, die größer ist als der Schatten, dass unser Hohepriester zur Rechten der Majestät im Himmel sitzt. Kein alttestamentlicher Priester konnte das je von sich sagen.

Jesus hat direkten Umgang mit Gott. Er hat einen Ehrenplatz an Gottes Seite. Er wird unendlich von Gott geliebt und geachtet. Er ist beständig bei Gott. Ihre Beziehung ist keine schattenhafte Wirklichkeit mit Vorhängen, Kerzen, Gewändern, Quasten, Schafen, Ziegen und Tauben. Nein, die letzte, endgültige Wirklichkeit sieht so aus: Sie ist das Zusammenwirken Gottes und seines Sohnes in Liebe und Heiligkeit zu unserer ewigen Errettung.

Die endgültige Realität ist die Beziehung der drei Personen des dreieinigen Gottes, die gemeinsam entscheiden, wie ihre Majestät, Heiligkeit, Liebe, Gerechtigkeit, Güte und Wahrheit in einem erlösten Volk sichtbar werden sollen.

»Nun aber hat er
ein höheres Amt empfangen,
wie er ja auch der Mittler
eines besseren Bundes ist,
der auf bessere Verheißungen
gegründet ist.«

Hebräer 8,6

14. Tag Was zu Weihnachten Wirklichkeit wird

Christus ist der Mittler eines neuen Bundes, lesen wir in Hebräer 8,6. Was bedeutet das? Es bedeutet, dass sein Blut – das Blut des Bundes (Lk 22,20; Hebr 13,20) – für uns endgültig und entscheidend die Erfüllung von Gottes Verheißungen erkauft und abgesichert hat.

Es bedeutet, dass Gott uns gemäß der Verheißungen des neuen Bundes von innen heraus durch den Geist Christi verwandelt.

Es bedeutet, dass Gott diese Verwandlung in uns durch den Glauben bewirkt – durch den Glauben an alles, was Gott für uns in Christus geworden ist.

Der neue Bund wird durch das Blut Christi erkauft und durch den Geist Christi bewerkstelligt und wir machen ihn uns durch den Glauben an Christus zu eigen.

Am besten lässt sich Christi Wirken als Mittler des neuen Bundes in Hebräer 13,20–21 erkennen:

»Der Gott des Friedens aber, der den großen Hirten der Schafe, unsern Herrn Jesus, von den Toten heraufgeführt hat durch das Blut des ewigen Bundes, der mache euch tüchtig in allem Guten, zu tun seinen Willen, und schaffe in uns, was ihm gefällt, durch Jesus Christus, welchem sei Ehre von Ewigkeit zu Ewigkeit! Amen.«

Die Worte »schaffe in uns, was ihm gefällt« beschreiben, was passiert, wenn Gott in Einklang mit dem neuen Bund sein Gesetz in unser Herz schreibt. Der Ausdruck »durch Jesus Christus« nennt Jesus als den Mittler dieses herrlichen Werkes souveräner Gnade.

Weihnachten bedeutet also nicht nur, dass Gott die Schatten durch die Wirklichkeit ersetzt, sondern auch, dass Gott die Realität nimmt und sie für sein Volk real werden lässt. Er schreibt sie in unser Herz. Er legt das Weihnachtsgeschenk deiner Errettung und Verwandlung sozusagen nicht nur für dich unter den Weihnachtsbaum, damit du es aus eigener Kraft aufhebst. Er hebt es auf, pflanzt es in dein Herz und in deinen Sinn und versiegelt dich mit der Gewissheit, dass du ein Kind Gottes bist.

15

»Ein Dieb kommt nur,
um zu stehlen, zu schlachten
und umzubringen.
Ich bin gekommen,
damit sie das Leben haben
und volle Genüge.«

Johannes 10,10

15. Tag — Leben und Sterben zu Weihnachten

Als ich mich gerade an diese Andacht setzen wollte, erreichte mich die Nachricht, dass Marion Newstrum gestorben ist. Marion und ihr Mann waren schon Teil unserer Gemeinde, als die meisten unserer Mitglieder noch nicht einmal geboren waren. Sie wurde 87 Jahre alt. Die beiden waren 64 Jahre verheiratet.

Als ich mit ihrem Mann Elmer sprach und ihn ermutigte, stark im Herrn zu sein und nicht am Leben zu verzweifeln, antwortete er mir: »Er ist mir ein echter Freund.« Ich bete, dass jeder Christ gegen Ende seines Lebens sagen kann: »Christus ist mir ein echter Freund.«

Jedes Jahr im Advent erinnere ich mich an den Todestag meiner Mutter. Sie wurde in ihrem 56. Lebensjahr bei einem Busunfall in Israel aus dem Leben gerissen. Es war der 16. Dezember 1974. Diese Ereignisse stehen mir noch heute lebhaft vor Augen. Wenn ich es zulasse, kommen mir immer noch die Tränen – zum Beispiel, wenn ich daran denke, dass meine Söhne sie nie kennengelernt haben. Ihre Beerdigung fand direkt nach Weihnachten statt. Wie kostbar war uns dieses Weihnachten!

Viele von euch werden dieses Weihnachten schmerzlicher als zuvor einen Verlust spüren. Verdränge dieses Gefühl nicht. Lass es zu. Spüre es. Denn was anderes tut Liebe, als unsere Empfindungen zu verstärken – im Leben wie im Sterben? Aber bitte gib der Bitterkeit keinen Raum. Bitterkeit ist nur selbstzerstörerisch.

Jesus ist zu Weihnachten gekommen, damit wir ewiges Leben haben. »Ich bin gekommen, damit sie das Leben haben und volle Genüge« (Joh 10,10). Elmer und Marion hatten besprochen, wo sie ihre letzten Jahre verbringen wollten. Elmer sagte: »Marion und ich haben ausgemacht, dass unser letztes Zuhause beim Herrn Jesus sein soll.«

Hast du eine Sehnsucht nach deinem Zuhause? Ich bekomme über die Weihnachtstage Besuch von der Familie. Das fühlt sich gut an. Warum fühlt es sich so gut an, dass meine Lieben nach Hause kommen? Ich denke, es liegt letztlich daran, dass sie und ich in unserem tiefsten Inneren für eine endgültige, letzte Heimkehr bestimmt sind. Jede andere Heimkehr ist ein Vorgeschmack. Und ein Vorgeschmack ist gut.

Außer er ersetzt die eigentliche Sache. Bitte lass all die wunderbaren Advents- und Weihnachtsfreuden nicht die letzte, größte und zutiefst erfüllende Freude ersetzen. Lass jeden Verlust und jede Freude ein Signal für dein Herz sein, sich nach dem himmlischen Zuhause auszustrecken.

Weihnachten. Was bedeutet Weihnachten denn anderes als: »Ich bin gekommen, damit sie das Leben haben«? Marion Newstrum, Ruth Piper, du und ich – dass wir Leben haben, jetzt und in Ewigkeit.

Mach dein Jetzt an diesem Weihnachtsfest umso reicher und tiefer, indem du aus der Quelle der Ewigkeit trinkst. Sie ist so nah.

16

»Darum hat ihn auch Gott erhöht
und hat ihm den Namen gegeben,
der über alle Namen ist,
dass in dem Namen Jesu sich beugen sollen
aller derer Knie,
die im Himmel und auf Erden
und unter der Erde sind,
und alle Zungen bekennen sollen,
dass Jesus Christus der Herr ist,
zur Ehre Gottes, des Vaters.«

Philipper 2,9–11

16. Tag Gottes erfolgreichster Rückschlag

Weihnachten ist der Auftakt von Gottes erfolgreichstem Rückschlag. Gott hat von jeher Freude daran, seine Macht gerade dadurch zu zeigen, was auf den ersten Blick wie eine Niederlage aussieht. Er macht taktische Rückzüge, um strategische Siege einzufahren.

Im Alten Testament lesen wir von Josef, einem der zwölf Söhne Jakobs, dem in seinem Traum Ehre und Macht verheißen wurde (1 Mose 37,5–11). Doch um diesen Sieg zu erringen, musste er erst Sklave in Ägypten werden. Und als ob das nicht genug war, verschlechterten sich seine Umstände fast sofort, nachdem er sich durch seine Integrität eine bessere Position erarbeitet hatte, und er wurde vom Sklaven zum Gefangenen.

Doch das alles gehörte zum Plan – zu Gottes Plan für sein Wohl, das Wohl seiner Familie und letztlich der ganzen Welt! Denn dort im Gefängnis lernte er den Mundschenk des Pharaos kennen, der ihn letztlich vor den Pharao brachte, welcher ihn wiederum zum Regenten über ganz Ägypten einsetzte. Und am Ende verwirklichte sich sein Traum. Seine Brüder verneigten sich vor ihm und er rettete sie vor dem Hungertod. Wie unerwartet war dieser Weg zur Herrlichkeit!

Doch das ist Gottes Weg – selbst der Weg, den er mit seinem Sohn geht. Er entäußerte sich selbst und nahm die Gestalt eines Sklaven an. Schlimmer noch als ein Sklave wurde er Gefangener und schließlich hingerichtet. Doch wie Josef blieb er integer. »Darum hat ihn auch Gott erhöht und hat ihm den Namen gegeben, der über alle Namen ist, dass in dem Namen Jesu sich beugen sollen aller … Knie« (Phil 2,9–10).

Das ist auch Gottes Weg mit uns. Er verspricht uns seine Herrlichkeit – wenn wir mit ihm leiden, wie es in Römer 8,17 heißt. Der Weg nach oben führt abwärts. Der Weg nach vorne führt rückwärts. Der Weg zum Erfolg führt durch Rückschläge, die Gott festgesetzt hat. Sie werden sich immer wie Scheitern anfühlen und auch so aussehen.

Aber wenn wir dieses Weihnachten eine Sache von Josef und Jesus lernen können, dann diese: Was der Teufel und sündige Menschen zum Bösen beabsichtigt hatten, gedachte Gott gut zu machen (1 Mose 50,20).

Komm, fasse wieder neuen Mut!
Die Wolken über dir
sind angefüllt mit Segensflut,
Die auf dich kommen wird.[5]

---

5 *You fearful saints fresh courage take*
The clouds you so much dread
Are big with mercy and will break
In blessings on your head.
William Cowper, »God Moves in a Mysterious Way«, 1773, dt. Übersetzung von Frank und Norma Huck.

»Siehe, es kommt die Zeit,
spricht der HERR,
da will ich mit dem Hause Israel
und mit dem Hause Juda
einen neuen Bund schließen.«

Jeremia 31,31

17. Tag Die denkbar größte Errettung

Gott ist gerecht und heilig, getrennt von Sündern wie uns. Das ist unser Hauptproblem zu Weihnachten – und zu jeder anderen Jahreszeit. Wie können wir mit einem gerechten und heiligen Gott versöhnt werden?

Nichtsdestotrotz ist Gott barmherzig und hat in Jeremia 31 (also 500 Jahre vor Christus) versprochen, dass er eines Tages etwas Neues schaffen wird. Er wird die Schatten durch die Wirklichkeit des Messias ersetzen. Er wird auf kraftvolle Weise in unserem Leben wirken und seinen Willen in unser Herz schreiben, sodass wir nicht von außen gezwungen werden, sondern von innen her bereit sind, ihn zu lieben, ihm zu vertrauen und ihm zu folgen.

Das wäre die größte denkbare Errettung – wenn Gott uns die herrlichste Wirklichkeit im gesamten Universum schenken würde, damit wir uns an ihr erfreuen können; und darüber hinaus in uns bewirken würde, dass wir diese Wirklichkeit mit der größtmöglichen Freiheit und der größtmöglichen Freude genießen können. Das wäre ein Weihnachtsgeschenk, das man besingen sollte.

Tatsächlich hat Gott im Neuen Bund genau das verheißen. Aber es gab ein gewaltiges Hindernis. Unsere Sünde. Unsere Trennung von Gott wegen unserer Ungerechtigkeit.

Wie soll ein heiliger und gerechter Gott uns Sünder mit so viel Freundlichkeit behandeln, dass er uns die herrlichste Wirklichkeit im ganzen Universum schenkt (seinen Sohn), damit wir uns mit dem größtmöglichen Genuss an ihm erfreuen können?

Die Antwort ist, dass Gott unsere Sünden auf seinen Sohn geworfen hat und sie dort gerichtet hat, damit sie nicht mehr zwischen uns stehen, sondern er uns barmherzig behandeln und dabei heilig und gerecht bleiben kann. In Hebräer 9,28 lesen wir: »Christus [ist] einmal geopfert worden, die Sünden vieler wegzunehmen«.

Christus hat unsere Sünden an seinem eigenen Leib getragen, als er für uns starb (1 Petr 2,24). Er hat das Urteil, das für uns bestimmt war, auf sich genommen (Röm 8,3). Er hat unsere Schuld ausgelöscht (Röm 8,1). Das bedeutet, dass unsere Sünden weggenommen sind (Apg 10,43). Gott denkt nicht mehr an sie – er nimmt sie nicht mehr als Grundlage, um uns zu verurteilen. In diesem Sinne »vergisst« er sie (Jer 31,34). Sie haben im Tod Christi ihr Ende gefunden.

Das bedeutet, dass es Gott jetzt in seiner Gerechtigkeit freisteht, uns mit all den unaussprechlich herrlichen Verheißungen des Neuen Bundes zu überschütten. Er schenkt uns Christus, die herrlichste Wirklichkeit im ganzen Universum, damit wir uns an ihm erfreuen können. Er schreibt seinen eigenen Willen – sein eigenes Herz – in unser Herz –, damit wir von innen heraus verwandelt, frei und froh Christus lieben, ihm vertrauen und nachfolgen können.

»Wie du mich gesandt hast in die Welt,
so habe auch ich sie in die Welt gesandt.«

Johannes 17,18

18. Tag Weihnachten als Vorbild für unsere Missionstätigkeit

Weihnachten kann ein Vorbild für unsere Missionstätigkeit sein. Denn Mission ist letztlich ein Spiegelbild des ersten Weihnachten, und zwar getreu dem Motto »So wie mir, so auch dir«.

Das sieht man beispielsweise beim Thema Gefahren. Christus kam in sein Eigentum, doch die Seinen nahmen ihn nicht auf. So kann es auch dir gehen. Sie hielten Rat gegen Jesus. So könnten sie es auch gegen dich tun. Jesus hatte keine feste Bleibe. Das kann auch dir passieren. Sie erdachten falsche Anschuldigungen gegen ihn. So könnten sie es auch gegen dich tun. Sie haben ihn ausgepeitscht und verspottet. Das kann auch dich erwarten. Christus musste nach drei Jahren des Dienstes sterben. Das kann dir genauso passieren.

Doch es gibt eine Gefahr, die schlimmer ist als jede der genannten. Dieser Gefahr hat Jesus sich nicht gestellt, sondern er ist ihr entflohen. Genau das solltest du auch tun!

Mitte des 16. Jahrhunderts schrieb der Missionar Franz Xaver (1506–1552) an den Pater Francisco Perez von Malakka (heute ein Teil Malaysias) über die Gefahren, die er bei seiner Missionsarbeit in China erlebte. Er schrieb:

> »Die erste Gefahr ist, daß wir aufhören, in Gottes Erbarmen Vertrauen und Hoffnung zu haben. ... Und inmitten der Gefahren, in die wir, in seinem Dienste stehend, fallen können, ist das Übel, an seinem Erbarmen und an seiner Allmacht zu zweifeln, weit größer als die Pein, die uns alle Feinde Gottes zusammen zufügen könnten. Denn wenn es zu seinem größeren Dienste gereicht, so kann uns Gott vor den Gefahren dieses Lebens bewahren, denn ohne seine Zulassung und sein Wissen können uns die Dämonen und ihre Diener in nichts bedrängen.«[6]

---

6 Die Briefe des Francisco de Xavier 1542–1552. Ausgewählt, übertragen und kommentiert von Elisabeth Gräfin Vitzthum, Leipzig: Jakob Hegner, 1939, S. 234.

Die größte Gefahr, der ein Missionar ausgesetzt ist, ist nicht der Tod, sondern das Misstrauen gegenüber Gottes Barmherzigkeit. Wenn wir dieser Gefahr aus dem Weg gehen, dann verliert jede andere Gefahr ihren Stachel.

Am Ende macht Gott jeden Dolch, der gegen uns gerichtet ist, zu einem Zepter in unserer eigenen Hand. Wie James W. Alexander schreibt: »Jeder Moment unserer gegenwärtigen Mühen wird gnädiglich mit Millionen von Jahren der Herrlichkeit entlohnt.«[7]

Christus ist der Gefahr, sein Vertrauen auf Gott aufzugeben, entflohen. Darum hat Gott ihm den höchsten Ehrenplatz gegeben! »So wie mir, so auch dir« gilt auch in dieser Hinsicht.

Erinnere dich in dieser Adventszeit daran, dass uns Weihnachten als Vorbild für unsere Missionstätigkeit dient, nach dem Motto: »So wie mir, so auch dir«. Erinnere dich daran, dass uns unsere Missionstätigkeit in verschiedene Gefahren führen kann so wie die Menschwerdung Jesu an Weihnachten ihn vor verschiedene Bedrohungen stellte. Bedenke jedoch, dass die größte Gefahr darin besteht, Gottes Barmherzigkeit zu misstrauen. Wenn du dieser Gefahr erliegst, ist alles verloren. Wenn du diese Gefahr überwindest, kann dir nichts mehr schaden.

---

7 James W. Alexander, Thoughts on Preaching: Classic Contributions to Homiletics, Edinburgh: Banner of Truth, 1975, S. 108.

19

»Weil nun die Kinder
von Fleisch und Blut sind,
hatte er gleichermaßen daran Anteil,
auf dass er durch den Tod
die Macht nähme dem,
der Gewalt über den Tod hatte,
nämlich dem Teufel,
und die erlöste,
die durch Furcht vor dem Tod
im ganzen Leben Knechte sein mussten.«

Hebräer 2,14–15

19. Tag Weihnachten bringt Freiheit

Jesus wurde Mensch. Was wir brauchten, war der Tod eines Menschen, der mehr war als nur ein Mensch. So schloss sich Gott selbst bei der Menschwerdung in die Todeszelle ein.

Christus hat sich nicht leichtfertig in Todesgefahr begeben. Er wählte den Tod. Er hat ihn begrüßt. Er ist »nicht gekommen, dass er sich dienen lasse«, sondern genau deshalb, »dass er diene und sein Leben gebe als Lösegeld für viele« (Mk 10,45).

Kein Wunder, dass der Teufel Jesus vom Kreuz abhalten wollte – zunächst in der Wüste (Mt 4,1–11), danach durch die Worte von Petrus (Mt 16,21–23)! Das Kreuz zerstörte den Teufel. Wie tat Jesus das?

In Hebräer 2,14 lesen wir, dass der Teufel »Gewalt über den Tod« hat. Das bedeutet, dass der Teufel die Fähigkeit hat, den Tod mit Angst zu erfüllen. »Gewalt über den Tod« ist die Macht, die Menschen durch die Angst vor dem Tod zu knechten. Es ist die Gewalt, die Menschen in ihrer Sünde verharren lässt, sodass der Tod für sie zu einem Schrecken wird.

Doch Jesus nimmt dem Teufel diese Macht. Er hat ihn entwaffnet. Er hat für uns einen Brustpanzer der Gerechtigkeit geschmiedet, der uns gegen die Verdammnis des Teufels immun macht. Wie hat er das getan?

Durch seinen Tod hat Jesus alle unsere Sünden weggewischt. Und einen Menschen ohne Sünde kann der Teufel nicht verdammen. Durch Jesu Vergebung sind wir endlich unzerstörbar. Der Teufel hatte den Plan, Gottes Herrschaft zu zerstören, indem er Gottes Nachfolger in Gottes eigenem Gerichtssaal verdammt. Doch jetzt gibt es keine Verdammnis mehr für die, die in Christus Jesus sind. Der Verrat des Teufels ist fehlgeschlagen. Sein kosmischer Verrat ist vereitelt.

»Der Fürst dieser Welt, / wie sau'r er sich stellt, /
tut er uns doch nicht; / das macht, er ist gericht.«[8]

Das Kreuz hat ihn durchbohrt. Und schon bald wird er seinen letzten Atemzug gemacht haben.

---

8 Martin Luther, »Ein feste Burg ist unser Gott«, 3. Strophe.

Weihnachten bringt Freiheit. Freiheit vor der Todesangst.

Jesus hat in Bethlehem unsere Natur angenommen, um in Jerusalem unseren Tod zu sterben – damit wir, in welcher Stadt auch immer wir heute leben, furchtlos sein können. Ja, furchtlos. Denn wenn die größte Bedrohung für meine Freude weggenommen ist, warum sollte ich mich dann noch um die kleinen Bedrohungen sorgen? Wie kannst du denn überhaupt sagen: »Ich fürchte mich nicht mehr vor dem Sterben, aber ich habe wirklich Angst davor, meinen Job zu verlieren«? Nein. Nein. Denk noch mal nach!

Wenn der Tod (Ich habe gesagt: der Tod! – kein Puls, erkaltet, aus und vorbei!) nicht mehr zu fürchten ist, dann sind wir frei, wirklich frei. Frei, jegliches Risiko unter der Sonne für Christus und für die Liebe einzugehen. Keine Knechte der Angst mehr.

»Wenn euch nun der Sohn frei macht, so seid ihr wirklich frei.«

20

»Dazu ist erschienen der Sohn Gottes,
dass er die Werke des Teufels zerstöre.«

1. Johannes 3,8

20. Tag Der Weihnachtsstreik

Am Fließband des Teufels werden tagtäglich Millionen Sünden fabriziert. Er packt sie in riesige Frachtmaschinen und fliegt sie in den Himmel, wo er sie vor Gott ausbreitet, während er lacht und lacht und lacht.

Manche Menschen arbeiten Vollzeit am Fließband. Andere haben ihre Stelle am Fließband gekündigt und kommen nur hin und wieder zurück.

Jede Minute, die ein Mensch dort arbeitet, macht Gott zur Zielscheibe von Satans Spott. Er hat die Sünde zu seinem Geschäft gemacht, weil er das Licht, die Schönheit, die Reinheit und die Herrlichkeit Gottes hasst. Nichts bereitet ihm mehr Vergnügen, als zu sehen, wie Gottes Geschöpfe ihrem Schöpfer misstrauen und ungehorsam sind.

Deshalb bringt Weihnachten eine gute Nachricht für uns Menschen und für Gott.

»Das ist gewisslich wahr und ein teuer wertes Wort: Christus Jesus ist in die Welt gekommen, die Sünder selig zu machen, unter denen ich der erste bin« (1 Tim 1,15). Das ist eine gute Nachricht für uns.

»Dazu ist erschienen der Sohn Gottes, dass er die Werke des Teufels zerstöre« (1 Joh 3,8). Auch das ist eine gute Nachricht für uns.

Für Gott ist Weihnachten eine gute Nachricht, weil Jesus gekommen ist, um einen Streik gegen die Fertigungsanlage des Teufels anzuführen. Er ist geradewegs hineinmarschiert und hat zum Aufstand der Gläubigen aufgerufen und eine gewaltige Welle der Arbeitsverweigerung ausgelöst.

Weihnachten ist der Aufruf zum Streik in der Fertigungsanlage der Sünde. Keine Verhandlungen mit der Geschäftsleitung. Keine Kompromisse. Nur unbeirrbare, unentwegte Opposition gegen dieses Produkt. Wir werden uns in keiner Weise mehr an seiner Fertigung beteiligen.

Der Weihnachtsstreik will die Frachtmaschinen hindern, überhaupt erst abzuheben. Es wird weder Zwang noch Gewalt eingesetzt, sondern mit unaufhaltsamer Hingabe zur Wahrheit werden die lebensgefährlichen Produktionsbedingungen am Fließband des Teufels aufgedeckt.

Die Solidaritätsbewegung wird nicht eher aufgeben, bis die Fertigungsanlage ganz schließt.

Wenn die Sünde eines Tages ganz zerstört ist, dann wird Gottes guter Name ganz wiederhergestellt sein. Niemand wird dann mehr spotten.

Wenn du Gott dieses Weihnachten etwas schenken möchtest, dann kehr dem Fließband der Sünde den Rücken zu und geh nie wieder zurück. Nimm deinen Streikposten der Liebe ein. Werde Teil der Weihnachtssolidaritätsbewegung, bis Gottes guter, majestätischer Name wiederhergestellt ist und er alle Anerkennung von den Gerechten empfängt, die ihm in seiner Herrlichkeit gebührt.

21

»Da sprach Pilatus zu ihm:
So bist du dennoch ein König?
Jesus antwortete:
Du sagst es: Ich bin ein König.
Ich bin dazu geboren
und in die Welt gekommen,
dass ich die Wahrheit bezeuge.
Wer aus der Wahrheit ist,
der hört meine Stimme.«

Johannes 18,37

21. Tag Die Geburt dessen, der von Ewigkeit her ist

Johannes 18,37 ist ein wundervoller Weihnachtstext, auch wenn er am Ende von Jesu Leben auf Erden steht und nicht am Anfang.

Achte darauf, dass Jesus nicht nur sagt, dass er geboren wurde, sondern, dass er »in die Welt gekommen« ist. Die Einzigartigkeit seiner Geburt liegt darin, dass sie nicht sein Ursprung ist. Er existierte bereits, bevor er in einem Stall geboren wurde. Die Person, der Charakter, die Persönlichkeit von Jesus von Nazareth existierte bereits, bevor der Mensch Jesus von Nazareth geboren wurde.

Der theologische Begriff für dieses Geheimnis ist nicht »Erschaffung«, sondern »Menschwerdung«. Die Person Jesu – nicht sein Körper, sondern das Wesen seiner Person – existierte bereits, bevor er als Mensch geboren wurde. Bei seiner Geburt entstand nicht eine neue Person, sondern kam eine unendliche alte Person in die Welt.

Micha 5,1 drückt es 700 Jahre vor Jesu Geburt so aus:

> *»Und du, Bethlehem Efrata,*
> *die du klein bist unter den Tausenden in Juda,*
> *aus dir soll mir der kommen,*
> *der in Israel Herr sei,*
> *dessen Ausgang von Anfang*
> *und von Ewigkeit her gewesen ist.«*

Das Geheimnisvolle an der Geburt Jesu besteht nicht nur darin, dass er von einer Jungfrau geboren wurde. Gott wollte, dass dieses Wunder auf ein umso größeres Wunder hinweist: nämlich, dass das Kind, das zu Weihnachten geboren wurde, eine Person ist, »dessen Ausgang von Anfang und von Ewigkeit her gewesen ist«.

Darum lag hinter seiner Geburt ein klares Ziel. Schon bevor er geboren wurde, hatte er darüber nachgedacht. Zusammen mit seinem Vater überlegte er sich einen Plan. Und einen Teil dieses wundervollen Plans hat er in den letzten Stunden seines Lebens auf der Erde erklärt: »Ich bin dazu geboren und in die Welt gekommen, dass ich die Wahrheit bezeuge. Wer aus der Wahrheit ist, der hört meine Stimme« (Joh 18,37).

Er war die ewige Wahrheit. Er hat nur die Wahrheit gesprochen. Er hat die größte Wahrheit in die Tat umgesetzt – Liebe. Und er nimmt alle, die aus der Wahrheit geboren sind, in seine ewige Familie auf. Das war von Ewigkeit her sein Plan.

22

»Noch viele andere Zeichen
tat Jesus vor seinen Jüngern,
die nicht geschrieben sind in diesem Buch.
Diese aber sind geschrieben,
damit ihr glaubt,
dass Jesus der Christus ist,
der Sohn Gottes,
und damit ihr, weil ihr glaubt,
das Leben habt in seinem Namen.«

Johannes 20,30–31

22. Tag Damit ihr glaubt

Ich bin fest davon überzeugt, dass unter denen von uns, die aus christlichen Familien kommen, in der Gemeinde großgeworden sind, die großen Glaubenslehren rückwärts aufsagen können und die dennoch das Apostolische Glaubensbekenntnis nur gähnend mitsprechen, etwas geschehen muss, was uns hilft, erneut mit Ehrfurcht, Scheu, Erstaunen und Verwunderung erfüllt zu werden, wenn wir von Gottes eingeborenem Sohn hören, aus dem Vater gezeugt vor aller Zeit, die Ausstrahlung seiner Herrlichkeit und der Ausdruck seines Wesens, durch den alles geschaffen ist und der das Universum durch das Wort seiner Kraft trägt.

Du kannst jedes Märchen verschlingen, das je geschrieben wurde, jeden Thriller, jede Gruselgeschichte – und doch wirst du niemals eine Geschichte finden, die so schockierend, so seltsam, so merkwürdig und so packend ist wie die Geschichte von der Menschwerdung des Sohnes Gottes.

Wie tot sind wir! Wie abgestumpft und gefühlskalt sind wir für deine Herrlichkeit und deine Geschichte, o Herr! Wie oft habe ich umkehren und sagen müssen: »Gott, es tut mir leid, dass die Geschichten, die sich Menschen ausgedacht haben, meine Gefühle mehr bewegen, mehr Ehrfurcht in mir erregen, mich mehr zum Staunen bringen, mehr Bewunderung und Freude in mir wecken als deine eigene wahre Geschichte.«

Vielleicht können uns die galaktischen Thriller, die heute im Kino laufen, zumindest etwas Gutes tun: Sie können uns demütig machen und uns zur Umkehr führen, indem sie uns zeigen, dass wir tatsächlich in der Lage sind, einen Teil des Staunens, der Verwunderung und Ehrfurcht zu verspüren, die wir so selten empfinden, wenn wir über den ewigen Gott, die unendliche Herrlichkeit Christi und die echte, lebendige Beziehung zwischen dem dreieinigen Gott und uns Menschen in der Person Jesu von Nazareth nachdenken.

Als Jesus sagte: »Ich bin dazu … in die Welt gekommen« (Joh 18,37), sagte er etwas so Verrücktes und Merkwürdiges und Seltsames und Unheimliches, das mit jedem Science-Fiction-Roman mithalten kann.

Oh, wie ich dafür bete, dass Gottes Geist in mir und in dir kraftvoll durchbricht; ja, dass der Heilige Geist in meiner Erfahrungswelt erschreckend durchbricht und mich aufrüttelt für die unvorstellbare Wirklichkeit Gottes.

Eines Tages wird ein Blitz den Himmel vom Aufgang der Sonne bis zu ihrem Untergang erfüllen und in den Wolken wird der Menschensohn mit seinen mächtigen Engeln in flammendem Feuer erscheinen. Wir werden ihn deutlich erkennen. Wir werden vor ihm erzittern, ob vor Angst oder vor lauter Aufregung. Und wir werden uns fragen, wie wir so lange mit einem solch gezähmten, harmlosen Jesus leben konnten.

Diese Dinge sind geschrieben – die ganze Bibel ist geschrieben – damit wir glauben; damit wir von dem Wunder überwältigt und aufgerüttelt werden, dass Jesus Christus der Sohn Gottes ist, der in die Welt gekommen ist.

23

»Denn wenn wir
mit Gott versöhnt worden sind
durch den Tod seines Sohnes,
als wir noch Feinde waren,
um wie viel mehr werden wir selig werden
durch sein Leben,
nachdem wir nun versöhnt sind.
Nicht allein aber das,
sondern wir rühmen uns auch Gottes
durch unsern Herrn Jesus Christus,
durch den wir jetzt die Versöhnung
empfangen haben.«

Römer 5,10–11

23. Tag Gottes unbeschreibliches Geschenk

Was bedeutet es praktisch, die Versöhnung zu empfangen und Gott zu loben? Wir tun beides durch Jesus Christus. Das bedeutet zumindest, dass wir das Bild, das die Bibel von Jesus zeichnet – also das Werk und die Worte Jesu, wie wir sie im Neuen Testament finden – zum Kern unserer Anbetung zu machen. Wenn wir Gott loben, ohne Christus zum Inhalt zu machen, dann ehren wir Christus nicht. Und wenn Christus nicht geehrt wird, dann wird Gott nicht geehrt.

In 2. Korinther 4,4–6 beschreibt Paulus die Bekehrung auf zweierlei Weise: In Vers 4 sagt er, dass wir die »Herrlichkeit Christi [sehen], welcher ist das Ebenbild Gottes«. Und in Vers 6 beschreibt er sie als »Erkenntnis der Herrlichkeit Gottes in dem Angesicht Jesu Christi«. In beiden Fällen wird die Aussage klar. Wir sehen in Christus das Ebenbild Gottes und wir sehen Gott im Angesicht Christi.

Um Gott anzubeten, loben wir das, was wir von Gott im Bild Jesu Christi sehen und erkennen. In Vollkommenheit erleben wir das, wenn die Liebe Gottes durch den Heiligen Geist in unsere Herzen ausgegossen wird, wie es in Römer 5,5 heißt. Wir dürfen die wundersame Erfahrung der Liebe Gottes durch den Geist machen, wenn wir über die historische Tatsache aus Vers 6 nachsinnen: »Denn Christus ist schon zu der Zeit, als wir noch schwach waren, für uns Gottlose gestorben.«

Darum geht es also zu Weihnachten: Gott hat nicht nur durch den Tod des Herrn Jesus Christus unsere Versöhnung erkauft (Röm 5,10), er hat uns auch nicht nur dazu befähigt, diese Versöhnung durch den Herrn Jesus Christus anzunehmen, sondern selbst unser Lobpreis Gottes durch den Geist geschieht durch unseren Herrn Jesus Christus (Röm 5,11).

Jesus hat unsere Versöhnung mit seinem Tod erkauft. Jesus hat es möglich gemacht, dass wir die Versöhnung mit Gott empfangen und das Geschenk öffnen können. Und Jesus selbst strahlt uns als unbeschreibliches Geschenk entgegen – Gott wird Mensch! – und weckt in uns allen Lobpreis für Gott.

Schau dieses Weihnachten auf Jesus. Empfange die Versöhnung, die er für dich erworben hat. Stell das Geschenk nicht unausgepackt ins Regal. Und wenn du es öffnest, dann erinnere dich daran, dass Gott selbst das Geschenk der Versöhnung mit ihm ist.

Lobe ihn! Erlebe ihn als deine höchste Freude! Erkenne ihn als deinen kostbarsten Schatz!

»Kinder,
lasst euch von niemandem verführen!
Wer die Gerechtigkeit tut,
der ist gerecht,
wie auch jener gerecht ist.
Wer Sünde tut,
der ist vom Teufel;
denn der Teufel sündigt von Anfang an.
Dazu ist erschienen der Sohn Gottes,
dass er die Werke des Teufels zerstöre.«

1. Johannes 3,7–8

24. Tag Zwei Ziele von Weihnachten

Wenn es in 1. Johannes 3,8 heißt: »Dazu ist erschienen der Sohn Gottes, dass er die Werke des Teufels zerstöre«, was ist dann mit »Werke des Teufels« gemeint? Die Antwort ergibt sich eindeutig aus dem Kontext.

Erstens bietet 1. Johannes 3,5 eine klare Parallele: »Und ihr wisst, dass er erschienen ist, damit er die Sünden wegnehme, und in ihm ist keine Sünde.« Wir lesen in Vers 5 und Vers 8, dass er mit einem bestimmten Ziel erschienen ist. Daher sind die »Werke des Teufels«, die Jesus zerstören wollte, sehr wahrscheinlich Sünden. Der Anfang von Vers 8 stellt faktisch fest: »Wer Sünde tut, der ist vom Teufel; denn der Teufel sündigt von Anfang an.«

Das Problem, um das es in diesem Kontext geht, ist Sünde. Es geht nicht um Krankheiten, Motorschäden oder geplatzte Zeitpläne. Jesus ist in die Welt gekommen, um uns die Kraft zu geben, nicht mehr zu sündigen.

Noch deutlicher wird das, wenn wir diese Wahrheit neben die Wahrheit aus 1. Johannes 2,1 halten: »Meine Kinder, dies schreibe ich euch, damit ihr nicht sündigt.« Das ist eines der großen Ziele von Weihnachten – eines der großen Ziele der Menschwerdung (1 Joh 3,8).

Doch es gibt noch ein weiteres Ziel, das Johannes anführt: »Und wenn jemand sündigt, so haben wir einen Fürsprecher bei dem Vater, Jesus Christus, der gerecht ist. Und er selbst ist die Versöhnung für unsre Sünden, nicht allein aber für die unseren, sondern auch für die der ganzen Welt.« (1 Joh 2,1–2)

Denk einmal darüber nach, was das heißt: Es bedeutet, dass Jesus aus zwei Gründen auf der Welt erschienen ist. Er ist gekommen, damit wir nicht weiter sündigen – d. h. er ist gekommen, um die Werke des Teufels zu zerstören (1 Joh 3,8) und damit es ein Sühnopfer für unsere Sünden gibt, wenn wir doch sündigen. Er ist als ein stellvertretendes Opfer gekommen, dass Gottes Zorn über unsere Sünden wegnimmt.

Das Ergebnis des zweiten Zieles hebt das erste Ziel nicht auf. Vergebung geschieht nicht, um Sünde zuzulassen. Christus ist nicht für unsere Sünden gestorben, damit wir in unserem Kampf gegen die Sünde nachlassen. Das Ergebnis dieser beiden Ziele von Weihnachten ist vielmehr, dass der ein für alle Mal bezahlte Preis für unsere Sünde uns die Freiheit und die Kraft schenkt, um gegen unsere Sünde anzukämpfen. Nicht aus einer Gesetzlichkeit heraus, die hofft, dass wir uns das Heil selbst verdienen können oder aus einer Furcht heraus, dass wir unser Heil verlieren könnten, sondern als Sieger, die sich in fröhlicher Gewissheit in den Kampf gegen die Sünde werfen, selbst wenn es sie das Leben kostet.

25

»Meine Kinder,
dies schreibe ich euch,
damit ihr nicht sündigt.
Und wenn jemand sündigt,
so haben wir einen Fürsprecher
bei dem Vater,
Jesus Christus,
der gerecht ist.
Und er selbst ist die Versöhnung
für unsre Sünden,
nicht allein aber für die unseren,
sondern auch für die der ganzen Welt.
... Kinder,
lasst euch von niemandem verführen!
Wer die Gerechtigkeit tut,
der ist gerecht,
wie auch jener gerecht ist.
Wer Sünde tut,
der ist vom Teufel;
denn der Teufel sündigt von Anfang an.
Dazu ist erschienen der Sohn Gottes,
dass er die Werke des Teufels zerstöre.«

1. Johannes 2,1–2; 3,7–8

25. Tag Drei Weihnachtsgeschenke

Nimm dir einen Moment Zeit, um mit mir über diese erstaunliche Situation nachzudenken. Was bedeutet es für dein Leben, wenn der Sohn Gottes gekommen ist, um dir zu helfen, nicht mehr zu sündigen – um die Werke des Teufels zu zerstören – und um durch seinen Sühnetod Gottes Zorn abzuwenden, wenn du doch sündigst?

Drei Dinge. Es ist wundervoll, sie zu besitzen. Ich möchte sie dir kurz als drei Weihnachtsgeschenke beschreiben.

Erstes Geschenk: Ein klares Lebensziel

Das setzt voraus, dass du ein klares Lebensziel hast. Negativ ausgedrückt bedeutet es ganz einfach: Sündige nicht – tue nicht, was Gott entehrt. »Meine Kinder, dies schreibe ich euch, damit ihr nicht sündigt« (1 Joh 2,1). »Dazu ist erschienen der Sohn Gottes, dass er die Werke des Teufels zerstöre.« (1 Joh 3,8)

Wenn du mich jetzt fragst: »Kannst du das positiv statt negativ formulieren?«, lautet die Antwort: Ja, es lässt sich alles mit 1. Johannes 3,23 zusammenfassen. Der Vers bringt wunderbar auf den Punkt, was Johannes in seinem ganzen Brief fordert. Ist dir aufgefallen, dass Johannes von nur einem Gebot spricht? »Und das ist sein Gebot, dass wir glauben an den Namen seines Sohnes Jesus Christus und lieben uns untereinander, wie er uns das Gebot gegeben hat.« Diese zwei Dinge sind aus Johannes' Sicht so eng miteinander verbunden, dass er sie ein Gebot nennt: an Jesus glauben und andere Menschen lieben. Das ist dein Lebensziel. Das ist die Summe des christlichen Lebens. Jesus vertrauen und andere Menschen so zu lieben, wie es Jesus und seine Apostel gelehrt haben. Vertraue Jesus, liebe die Menschen. Das ist das erste Geschenk: ein Lebensziel.

Zweites Geschenk: Hoffnung, dass unser Versagen vergeben wird

Nun zur zweiten Konsequenz dieser zweifachen Wahrheit, dass Christus gekommen ist, um unserem Sündigen ein Ende zu setzen und unsere Sünde zu vergeben: Wir werden dann Fortschritte im Kampf gegen Sünde machen, wenn wir die Hoffnung haben, dass unser Versagen auf Vergebung stoßen wird. Wenn du keine Hoffnung hast, dass Gott dir dein Scheitern im Kampf gegen Sünde vergeben wird, wirst du schnell wieder aufgeben.

Viele von euch denken über gute Vorsätze für das neue Jahr nach, um gegen bestimmte sündige Muster im eigenen Leben anzukämpfen. Du wünschst dir ein neues Essverhalten. Einen neuen Umgang mit deiner Freizeit. Ein neue Spendenbereitschaft. Einen neuen Umgang mit deinem Ehepartner. Eine neue Herangehensweise an eure Familienandachten. Neue Gewohnheiten in Bezug auf Schlaf und Sport. Und neuen Mut, Jesus zu bezeugen. Aber du kämpfst damit und fragst dich, ob das überhaupt etwas bringt. Dann ist es Zeit für das zweite Weihnachtsgeschenk: Christus ist nicht nur gekommen, um die Werke des Teufels zu zerstören – also unser Sündigen –, sondern er ist auch als unser Fürsprecher gekommen, der in unserem Scheitern im Kampf gegen die Sünde für uns eintritt.

Deshalb bitte ich dich inständig: Schöpfe Hoffnung in deinem Kampf aus der Tatsache, dass dein Scheitern nicht das letzte Wort haben wird. Aber sei vorsichtig! Wenn du Gottes Gnade zu einem Freifahrtschein machst und sagst: »Also, wenn es keine Rolle spielt, ob ich scheitere, warum soll ich dann überhaupt gegen die Sünde ankämpfen?« – wenn du das sagst, es auch meinst und danach handelst, dann bist du höchstwahrscheinlich nicht wiedergeboren und solltest dich fürchten.

An diesem Punkt werden die meisten von euch jedoch nicht stehen. Die meisten von euch wollen gegen die sündigen Muster in ihrem Leben ankämpfen. Und Gott sagt euch: Schöpfe Hoffnung daraus, dass Christus dein Scheitern zudeckt und kämpfe den guten Kampf. »Meine Kinder, dies schreibe ich euch, damit ihr nicht sündigt. Und wenn jemand sündigt, so haben wir einen Fürsprecher bei dem Vater, Jesus Christus, der gerecht ist.«

Drittes Geschenk: Christus wird uns helfen

Als drittes und letztes können wir aus der zweifachen Wahrheit, dass Christus gekommen ist, um unserem Sündigen ein Ende zu machen und unsere Sünden zu vergeben, folgende Konsequenz ziehen: Christus wird uns wirklich in unserem Kampf helfen. Er wird dir wirklich beistehen. Er ist auf deiner Seite. Er ist nicht gekommen, um die Sünde zu zerstören, weil die Sünde zu viel Spaß macht. Er ist gekommen, um die Sünde zu zerstören, weil sie tödlich ist. Sie ist das betrügerische Werk des Teufels und sie wird uns zerstören, wenn wir nicht gegen sie ankämpfen. Christus ist gekommen, um uns zu helfen, nicht, um uns zu schaden.

Hier also dein drittes Weihnachtsgeschenk: Christus wird dir helfen, die Sünde in dir zu überwinden. In 1. Johannes 4,4 lesen wir: »der in euch ist, ist größer als der, der in der Welt ist«. Jesus lebt, Jesus ist allmächtig, Jesus lebt durch den Glauben in uns. Und Jesus ist für uns, nicht gegen uns. Er wird dir im neuen Jahr in deinem Kampf gegen die Sünde helfen. Vertraue ihm.

Fazit

Mein Lieblingstext zu Weihnachten

Mein Lieblingstext zu Weihnachten rückt Demut ins Zentrum. Dieses Weihnachtsfest staune ich über Jesu Demut und wünsche mir selbst mehr davon. Ich werde diesen Text gleich zitieren.

Aber zuerst möchte ich zwei Probleme ansprechen. Tim Keller hilft uns, eines dieser Probleme zu erkennen. Er erklärt: *»Demut ist sehr schüchtern. Sobald man über sie spricht, verschwindet sie.«* Über Demut nachzudenken, wie wir es gerade tun, scheint aussichtslos und zum Scheitern verurteilt zu sein. Aber auch Schüchterne kommen manchmal aus sich heraus, wenn man sie gut behandelt.

Das andere Problem ist, dass Jesus nicht aus denselben Gründen demütig war, aus denen wir es sind (oder sein sollten). Wie kann eine Betrachtung von Jesu Demut an Weihnachten ***uns*** helfen? Unsere Demut, sofern wir sie haben, hat ihren Ursprung in unserer Endlichkeit, unserer Fehlbarkeit und Sündhaftigkeit. Der ewige Sohn Gottes aber war weder endlich, fehlbar noch sündhaft. Jesu Demut hat einen anderen Ursprung.

Hier nun mein Lieblings-Weihnachtstext. Achte auf die Demut Jesu:

> *»Er, der in göttlicher Gestalt war,*
> *hielt es nicht für einen Raub, Gott gleich zu sein,*
> *sondern entäußerte sich selbst*
> *und nahm Knechtsgestalt an,*
> *ward den Menschen gleich*
> *und der Erscheinung nach als Mensch erkannt.*
> *Er erniedrigte sich selbst*
> *und ward gehorsam bis zum Tode,*
> *ja zum Tode am Kreuz.«* (Phil 2,6–8)

Die Demut ist dadurch gekennzeichnet, dass er zum Wohl der anderen bewusst die Rolle eines Knechtes angenommen hat. Seine Demut wird durch folgende Aussagen beschrieben:

»Er ... entäußerte sich selbst [und verzichtete auf sein göttliches Recht, nicht misshandelt zu werden oder zu leiden].«

»Er nahm Knechtsgestalt an.«

»Er ward gehorsam bis zum Tode, ja zum Tode am Kreuz«

Die Demut Jesu war nicht die Konsequenz eines endlichen, fehlbaren oder sündhaften Herzens. Sie entsprang einem Herzen unendlicher Perfektion, fehlerloser Wahrhaftigkeit und absoluter Sündlosigkeit. Einem Herzen, das sich gerade deswegen nicht bedienen ließ. Er war frei und konnte aus der absoluten Fülle seines Herzens heraus anderen dienen.

Wir sehen dies in einem anderen Weihnachtstext in Markus 10,45:

> *»Denn auch der Menschensohn ist nicht gekommen,*
> *dass er sich dienen lasse,*
> *sondern dass er diene*
> *und sein Leben gebe als Lösegeld für viele.«*

Jesu Demut war nicht Ausdruck eines Defektes, sondern ein Hinweis auf die Fülle seines Herzens, die er für andere zu ihrem Besten gebrauchte. Es war eine freiwillige Erniedrigung, um seine ganze Herrlichkeit für Sünder zugänglich zu machen.

Jesus erklärt den Zusammenhang zwischen seiner Demut und dem Evangelium in Matthäus 11,25–30:

> *»Kommt her zu mir,*
> *alle, die ihr mühselig und beladen seid;*
> *ich will euch erquicken.*
> *Nehmt auf euch mein Joch*
> *und lernt von mir;*
> *denn ich bin sanftmütig*
> *und von Herzen demütig;*
> *so werdet ihr Ruhe finden für eure Seelen.*
> *Denn mein Joch ist sanft,*
> *und meine Last ist leicht.«*

Seine Erniedrigung ermöglicht es, dass wir unsere Lasten loswerden. Wenn er sich nicht erniedrigt hätte, wäre er nicht »gehorsam bis zum Tod, ja bis zum Tod am Kreuz« gewesen. Und wenn er nicht gehorsam gewesen und für uns gestorben wäre, hätte die Last unserer Sünden uns erdrückt. Er erniedrigt sich selbst, um unsere Verdammnis auf sich zu nehmen (Röm 8,3).

Wir haben daher umso mehr Grund zur Demut. Wir sind endlich, fehlbar und sündhaft und haben keinen Grund, uns zu rühmen. Aber wir erkennen jetzt noch weitere Gründe, die uns demütig machen: Unsere Rettung geschieht nicht durch eigene Bemühungen, sondern durch seine Gnade. Jedes eigene Rühmen ist ausgeschlossen (Eph 2,8–9). Diese gnädige Rettung wurde möglich durch seine bewusste Erniedrigung zu einem Menschen in Knechtsgestalt, der gehorsam bis zum Tod war.

Neben unserer Endlichkeit, Fehlbarkeit und Sündhaftigkeit gibt es also zwei zusätzliche große Impulse, die uns demütig machen: die freie und unverdiente Gnade, die hinter allen Segnungen steht, die wir genießen, und das Vorbild der selbstverleugnenden, opferbereiten Dienstbereitschaft, die sich darin äußert, freiwillig Knechtsgestalt anzunehmen.

Wir sind dazu berufen, uns genau wie Jesus bewusst zu erniedrigen und anderen zu dienen. »Wer sich selbst erhöht, der wird erniedrigt werden; und wer sich selbst erniedrigt, der wird erhöht werden« (Mt 23,12). »Seid so unter euch gesinnt, wie es der Gemeinschaft in Christus Jesus entspricht« (Phil 2,5).

Lasst uns darum beten, dass diese »schüchterne Tugend« – dieser gewaltige Grund für unsere Rettung und unser Dienen – sich aus ihrem stillen Rückzugsort heraus traut und uns diesen Advent gewährt, uns in Demut zu kleiden. »Alle aber miteinander bekleidet euch mit Demut; denn Gott widersteht den Hochmütigen, aber den Demütigen gibt er Gnade« (1 Petr 5,5).

Anhang Alttestamentliche Schatten des Kommens Christi

Eine der Hauptaussagen des Hebräerbriefes lautet, dass das alttestamentliche Gottesdienstsystem nur ein Schatten war, den Christus schließlich ersetzte. Weihnachten ist die Ablösung des Schattens durch die Realität (man kann das in Hebräer 8,5 nachlesen, wo es heißt, dass die Priester ein »Abbild und ein Schatten des Himmlischen« waren). Denke über sechs dieser Schatten nach, die mit der Ankunft Christi durch die Wirklichkeit ersetzt wurden:

Der Schatten des alttestamentlichen Priestertums

»Auch sind es viele, die Priester wurden, weil der Tod sie nicht bleiben ließ; dieser aber hat, weil er ewig bleibt, ein unvergängliches Priestertum.« (Hebr 7,23–24)

Der Schatten des Passaopfers

»Darum schafft den alten Sauerteig weg, auf dass ihr ein neuer Teig seid, wie ihr ja ungesäuert seid. Denn auch unser Passalamm ist geopfert, das ist Christus.« (1 Kor 5,7)

Der Schatten der Stiftshütte und des Tempels

»Das ist nun die Hauptsache bei dem, wovon wir reden: Wir haben einen solchen Hohenpriester, der sich gesetzt hat zur Rechten des Thrones der Majestät im Himmel und ist ein Diener am Heiligtum und am wahrhaftigen Zelt, das der Herr aufgerichtet hat und nicht ein Mensch.« (Hebr 8,1–2)

»Jesus antwortete und sprach zu ihnen: Brecht diesen Tempel ab und in drei Tagen will ich ihn aufrichten. Da sprachen die Juden: Dieser Tempel ist in sechsundvierzig Jahren erbaut worden, und du willst ihn in drei Tagen aufrichten? Er aber redete von dem Tempel seines Leibes.« (Joh 2,19–21)

Der Schatten der Beschneidung

»Die Beschneidung ist nichts, und die Unbeschnittenheit ist nichts, sondern: Gottes Gebote halten.« (1 Kor 7,19)

Der Schatten der Speisegebote

»Und er sprach zu ihnen: Seid denn auch ihr so unverständig? Versteht ihr nicht, dass alles, was von außen in den Menschen hineingeht, ihn nicht unrein machen kann? Denn es geht nicht in sein Herz, sondern in den Bauch und kommt heraus in die Grube. Damit erklärte er alle Speisen für rein.« (Mk 7,18–19)

Der Schatten der Festtage

»So lasst euch von niemand richten wegen Speise oder Trank, oder wegen bestimmter Feiertage oder Neumondfeste oder Sabbate, die doch nur ein Schatten der Dinge sind, die kommen sollen, wovon aber der Christus das Wesen hat.« (Kol 2,16–17 SLT)

Weihnachten bedeutet, dass das Eigentliche, das Wesen, Christus gehört. Religiöse Rituale sind wie der Schatten einer großen und herrlichen Person. Wenden wir uns vom Schatten hin zur Person und schauen ihr ins Gesicht (2 Kor 4,6). Meine lieben Kinder, hütet euch vor den (religiösen) Götzen (1 Joh 5,21).

www.verbum-medien.de